안동 이야기 50選 Ⅱ

최성달 희곡작가

- 제9회 경상북도 영상 시나리오 공모전 심사위원(2011년)
- 경상북도 일상이야기 공모전 심사위원(2014년)
- 뮤지컬 「왕의나라」 대본 및 대본구성(2011년~2016년)
- 뮤지컬 「원이엄마」 원작 및 감수(2013년~2016년)
- 다큐멘터리 「화경당 북촌」 시나리오(2010년)
- 뮤지컬 「웅부전」 감수(2012년~2018년)
- 육사백일장 심사위원(2012년~2017년)
- 제12회 경상북도 영상 시나리오 공모전 심사위원(2014년)
- 경상북도 일상이야기 공모전 심사위원(2016년)
- 경상북도 뮤지컬 공모전 「불멸의 사랑」 당선(2011년)
- 마의태자 창작시 낭송대회 심사위원장(2011~2012년)
- 매월당 문학상(희곡)수상(2008년)
- 문학세계문학상 시 부문 본상 수상(2013년)
- 안동시 역사기록 담당(2009년~2011년)
- 안동시 선사유적박물관 관장(2012년~2013년)
- 안동시 새마을문고 도서관장(현)
- 안동문협 소설분과 위원장(현)
- 원경학당 학생(현)
- 경상북도 스토리텔링클럽운영위원장(현)
- 안동시 근로자종합복지관 운영위원장(2015년~2016년)
- 경북여성장애인상담소 운영위원장(현)
- 수자원공사 안동댐 관리단 통합물관리 민간위원(현)
- 경북북부신문 편집국장(2001년~2008년)
- 안동시 소년소녀합창단 단장(현)
- 안동시 새마을협의회 이사(현)
- 담수회 안동지회 부회장(현)
- 안동가정법률상담소 이사(현)

- 영남 만인소 소장(2010년)
- 용수사 상량기문(2012년)
- 경상북도 발간 『이야기가 흐르는 땅 Ⅰ, Ⅱ』 감수(2014년~2015년)
- 물의 도시 안동 선언문(2016년)
- 다큐멘터리 「선비 절에 가다」 시나리오 및 연출(2018년)
- 현재 다큐멘터리 「제비원 성주풀이」 작업 중

저서

- 희곡 단행본 『철학자 궁예』(2007년)
- 문집 『백아에게 부치는 종자기의 노래』(2008년)
- 미술비평서 『사람의 길을 가다』(2009년)
- 교양서 『한국음식의 종가 안동식』(2010년)
- 단편 『불멸의 사랑』(2011년)
- 시집 『안동한지』(2013년)
- 『예언자』(2016년)
- 『안동 이야기 50선 Ⅰ』(2016년)
- 『안동 스토리텔링』 상·하권(2017년)
- 『안동식혜』(2017년)
- 호찌민-경주세계문화엑스포2017 화보 및 결과보고서(2017년)
- 『안동 이야기 50선 Ⅱ』(2018년)
- 공저 『경북 유불의 재발견』(2018년)
- 『네 개의 심장』(2019년)
- 『주주객반』(2019년)

강연 및 기고

- 〈매일신문〉, 〈경북일보〉 외 50여 회 기고.
- 경운대, 경상북도문화콘텐츠진흥원, 안동문화원, 안동병원, 달빛 명상차회 인문학 강의, 어울누리 인문학 강연 외 다수.

안동 이야기 50選 Ⅱ

최성달 지음
이동춘 사진

Prologue

솔직히 2018년은 개인적으로 글쓰기가 매우 곤혹스러운 처지였습니다. 피치 못하게 여행에 발을 들여놓은 탓에 글쓰기는 언제나 뒷전이었습니다. 하지만 더 큰 문제는 여행 다녀온 지 한참 지난 8월이 되어서도 도무지 글 쓸 엄두를 내지 못했다는 데 있었습니다. 요령부득으로 여기저기 쓸데없이 끌려다니다 시간을 허비한 잘못이 컸습니다.

누가 봐도 천하 게으름뱅이인 제가 그나마 이 책을 마무리할 수 있었던 것은 지인들의 도움이 있었기에 가능했습니다. 제가 발만 동동 구르며 뜬구름 잡고 있을 때 안동 이야기 2백여 개를 만들고 그 가운데 50개를 추려준 안동시새마을문고 서정훈 회장과 그의 아내 김기현 여사의 도움이 없었다면 이 책은 애초에 나오지도 못했을 것입니다.

이동춘 사진작가에게도 고개 숙여 고마움을 전합니다. 50선 엄선한 것을 사진 다 찍어놓으면 다시 다른 것으로 바꾸자고 우기고 억지 부르기가 도대체 몇 번이었던가? 그 숱한 애로와 말 못 할 고초를 책에 대한 애정으로 이해하고 무수한 변덕을 받아준 이 작가님이야 말로 진정한 프로이기에 진심을 담아 박수를 보냅니다.

아울러 거짓말 보태지 않고 이 책이 언제쯤 나오느냐며 열 번은 더 물어본 이재업 경북유교문화원 원장님을 비롯해 이동수 문화원장님, 우창하 시의원님, 조병기 담수회안동지회장님, 임대식 성균관청년유도회중앙회장님, 이두한 계상고택 주손님, 이원진 유족회회장님의 애정어린 관심에도 경의를 표합니다.

마지막으로 이 책의 발간을 뒤에서 묵묵히 거들어준 권철환 (사)제비원민속문화재단 상임이사님과 한영두 사무국장님, 도서출판 천우 윤지훈 실장님에게도 고마운 마음을 전합니다.

2018년 12월 20일

희곡작가 **최 성 달**

Contents >>>

- 4 Prologue
- 10 검무산과 경북도청
- 14 안동댐과 월영시대
- 18 한글의 다빈치 코드
- 22 안동지역 가문의 독립운동
- 28 계상고택
- 34 충혼탑과 위령탑
- 38 천부경과 안동 그리고 정진호
- 40 안동국화차
- 42 안동 인물 초상화
- 46 역동 우탁
- 48 우향계
- 50 안동지역 도자기(陶瓷器)와 옹기(甕器)의 역사

- 월천 조목 54
- 취규정 58
- 안동의 길(스토리텔링) 64
- 예안향교 · 안동향교 74
- 윷놀이 78
- 동농 김가진과 죽헌고택 80
- 안동의 4대 사랑 이야기 84
- 용산지-청량지-춘당집-매헌문집 90
- 농악과 안동제비원 92
- 묵계서원 연시례 94
- 선비문화수련원 98
- 안동팔경 104

- 110 한국국학진흥원
- 114 선성현의 어제와 그리고 내일
- 120 도산서원 혼천의
- 122 동천
- 126 유교책판
- 128 임하구곡
- 134 차전놀이
- 136 하계 독립운동 기적비
- 138 관왕묘
- 140 안동의 효 정려각
- 146 길사
- 148 안동역
- 150 내방가사

- 퇴계 시판과 현판 152
- 시사단 154
- 석빙고 158
- 가송리 동제 162
- 관계례 166
- 신세동 7층 전탑 168
- 성학십도 172
- 용계은행나무 174
- 안동음식 178
- 안동의 특산품 182
- 영호루와 시판 184
- 불천위 188
- 안동의 재사 192

안동 이야기 50選 II

01
검무산과 경북도청

2016년 3월 10일, 대구 북구 산격동에 있던 경북도청이 경북 안동시 풍천면 갈전리로 이전, 개청하였다. 300만 경북도민의 숙원사업이자 경북 발전의 새로운 장을 열게 될 경북도청 이전은 이날 완료되었고 경북도청에 이어 경북도교육청과 경북지방경찰청 등이 인근에 들어서게 되었다. 2008년 6월, 경북도청 이전지가 발표되기 전까지 치열하게 경쟁하던 경북도 내 시·군도 잠잠해졌다.

경북 안동시 풍천면 갈전리, 이곳은 경북도청이 들어서기 전까지 전형적인 농촌이었다. 평지에는 논과 밭이 있었고 구릉이나 언덕, 골짜기에는 과수원이 있었다. 이곳에 살던 사람들의 생활권도 풍산읍과 풍천면 등으로 나뉘져 있었고 특별히 다른 곳과 연결되는 길도 잘 나 있는 것이 없어서 인적도 드물었다. 하지만 경북도청을 건설하며 산은 평지로, 평지는 또 건물을 짓기 위한 평탄작업을 거치며 농촌 마을은 도시로 변했다. 아직 경북도청 신도시가 완전히 조성된 것이 아니기 때문에 이곳에 살았던 사람들은 남아 있는 산이나 물길 등으로 미루어 옛 모습을 기억하기도 한다.

경북도청은 본관인 안민관, 복지관 홍익관, 공연장 동락관을 비롯해 경북도의회가 사용하는 여민관 등으로 구성되었다. 동락관을 제외한 이들 건물은 모두 회랑 등으로 연결되어 있어 비나 눈을 피해서 건물과 건물 사이를 오갈 수 있다. 안민관은 지하 1층, 지상 7층 규모로 경북도의 각 부서와 구내식당 등 부대시설이 들어섰고 홍익관은 지상 4층 규모로 유관기관과 어린이집, 운동시설, 우체국과 농협 등이 들어왔다. 여민관은 지하 1층, 지상 5층 규모로 경북도의회 의원실과 사무처 부서 등이 자리하게 되었다. 건물 밖으로 주차장과 원당지, 산책로 등이 있고 오전 9시부터 오후 6시 사이 차량이 출입문을 통과할 수 있다. 특히 안민관 정문을 통과하면 사또복장을 한 남자 두 명이 인사를 하고 천장에 '선비의 붓'이라는 동제 조형물이 보인다. 무게만 2.5톤에 달하는 이 붓은 동파이프 3만 개를 사용해 만든 것으로 그 아래에 군자가 생활 속에서 길잡이로 삼아야 할 아홉 가지 생각을 새겨놓은 문구를 배치하였다.

본관인 안민관 기준으로 동쪽과 서쪽에 각각 출입구를 두어 차량과 사람이 오가게 조성하였으며 지하 1층에 주차장을 건설하였다. 안민관 맞은편의 회랑 뒤로 새마을광장이 들어섰고 그 너머로는 천년 숲을 조성해 신도시의 기틀을 잡았다. 경북도는 특별한 일 등이 있을 때 회랑과 새마을광장을 활용해 행사를 치렀다.

경북도청은 해발 332m 검무산(劍無山) 바로 아래 자리 잡았다. 경북도청이 들어서기 전부터 터를 두고도 낙관적인 풍수지리학적 견해가 나왔다. 경북도청 신도시는 백두대간과 낙동정맥 등으로 갈라졌던 경북 산의 지세가 돌아서 합쳐지는 곳이다. 낙동강과 내성천 사이에서 산과 강이 어우러지는 명당으로 평가받았다. 한편 초기에 청사 지붕에 얹은 기와가 흡사 청와대를, 뒤에 있는 검무산은 서울 북악산을 연상시키기도 하였다. 또 남쪽으로 낙동강이 흐르고 있어 서울의 지형과 상당히 비슷한 형상을 띠고 있다.

검무산은 경북도청이 이전하면서 경북도청 신도시의 주산(主山)으로 자리매김했다. 도청에서 바라본 검무산은 흡사 독수리나 부엉이가 도청을 등지고 포근하게 내려앉은 모습이다. 경북도청이 독수리의 정수리에 안착했다면 경북도교육청과 경북지방경찰청은 좌우 날개에 포진해 있는 형국이다. 이 산을 기준으로 산 바로 아래 남쪽에 경북도청과 경북도교육청, 경북지방경찰청 등 도청 소재지 핵심 기관이 위치해 있다. 경북도청 신도시 개발계획에도 안동 지역 관공서 등은 검무산 인근에 들어설 예정인 점으로 보아 도청 소재지의 중심을 굳건히 지키고 있는 것으로 보인다.

산은 경북 안동시 풍천면, 풍산읍, 예천군 호명면 등 세 곳에 걸쳐져 있고 동쪽에 정산(井山)과 쌍봉 등이 있는데 정산 아래는 안동권씨 집성촌인 가일마을이 형성되어있다. 이곳은 독립운동가 권오설 선생의 고향으로 더 유명하다. 산의 북쪽은 오미마을이다. 이곳은 풍산김씨 집성촌으로 풍산김씨가 500여 년 동안 세거해 왔다. 김지섭 의사, 김만수 의사, 김순흠 선생, 김재봉 선생 등 유수의 독립운동가를 배출한 독립운동가의 마을이다. 조금 더 가면 나오는 소산마을까지 합하면 검무산 인근은 온통 유래가 깊은 산과 마을이 즐비하다. 이런 점에서 검무산의 정기와 지형적 구조 등은 경북도청의 위치는 단순한 길지가 아니라는 점을 보여준다.

한편 경북도청이 들어서기 전까지는 검무산을 찾는 사람들의 발길이 미미했지만 경북도청 이전 뒤 등산로가 새로 만들어지고 안내 표지판이 등이 설치되며 경북도청 신도시와 인근 주민들의 가벼운 운동코스로 각광받고 있다. 해발이 높은 편은 아니지만, 정상에 오르면 경북도청 신도시 전체와 북서쪽으로 학가산 등을 볼 수 있을 정도로 전망이 우수하다.

검무산을 한자 그대로 보면 '칼이 없는 산'으로 평화로운 의미를 담고 있다. 하지만 검무산이라는 이름의 유래를 두고도 전해지는 이야기가 있는데 '거무산'이다. 검무산은 남쪽에서 바라보면 정상부에 바위가 유독 눈에 띈다. 이것이 거미처럼 생겼다고 하여 거미를 뜻하는 방언인 거무를 비롯해 검모산 등으로 불리다가 음역하며 검무산이 되었다는 설이다. 경북도청 신도시에 길이 나고 건물이 들어서며 도로명이 하나씩 붙게 되었는데 그중에도 '검무로'라는 도로명이 있는 점으로 보아 검무산의 존재를 인식할 수 있다.

02

안동댐과 월영시대

월영교와 호반나들이길 등 안동댐 주변 경관이 안동 관광 천만 시대를 견인하는 중추 역할을 하고 있다. 최근 안동지역 관광 추세는 기존의 하회마을이나 도산서원을 찾는 천편일률에서 벗어나 안동댐 주변 경관을 찾는 월영시대를 맞고 있다.

호반나들이길

안동호 주변 경관에서 월영교가 백미라면 안동호반나들이길은 그 백미에 화룡점정을 찍은 격이다. 2013년 12월에 완공한 안동호반나들이길은 월영교에서 법흥교를 돌아 물문화회관 주차장까지 약 2.5km 구간에 걸

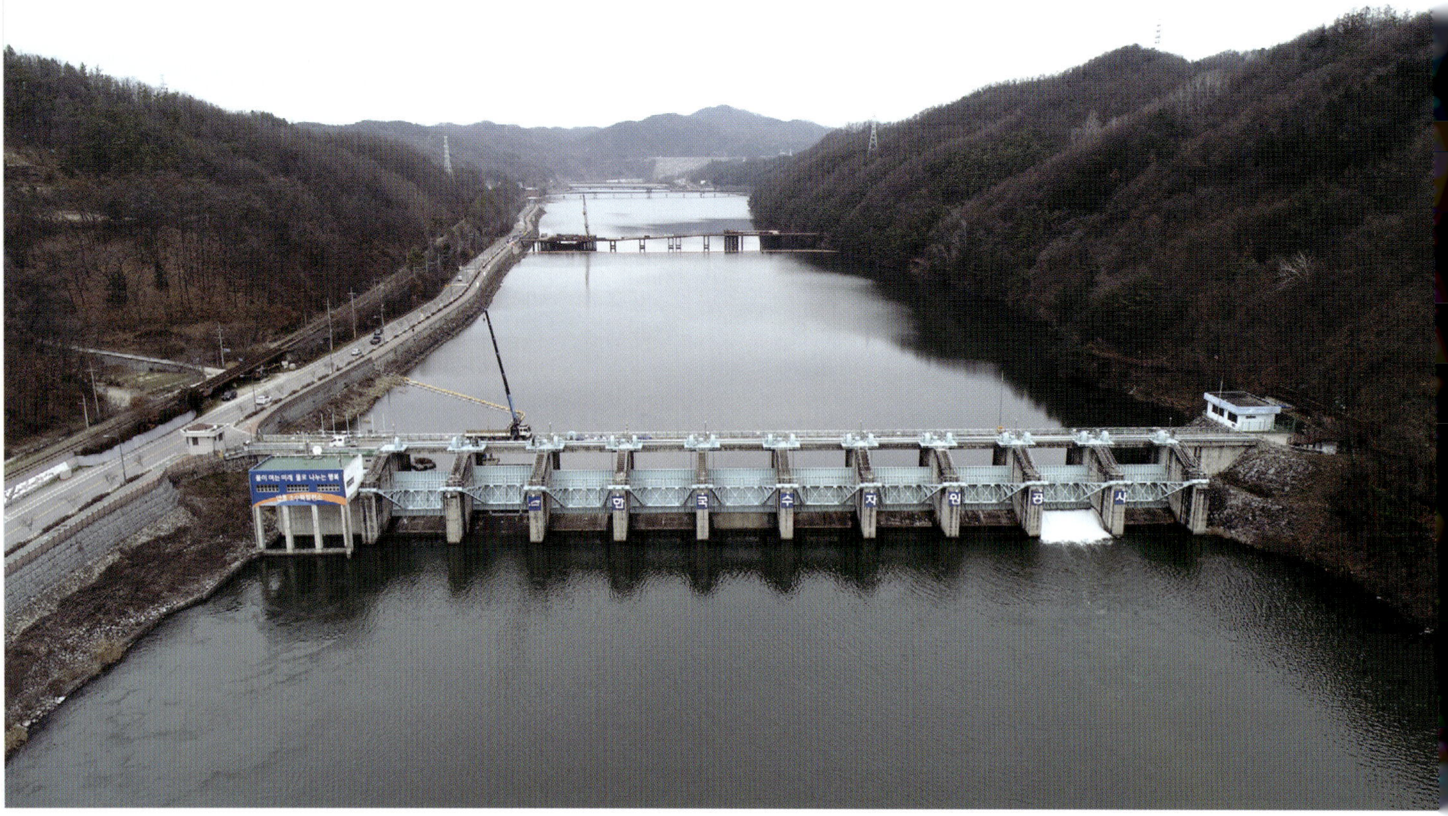

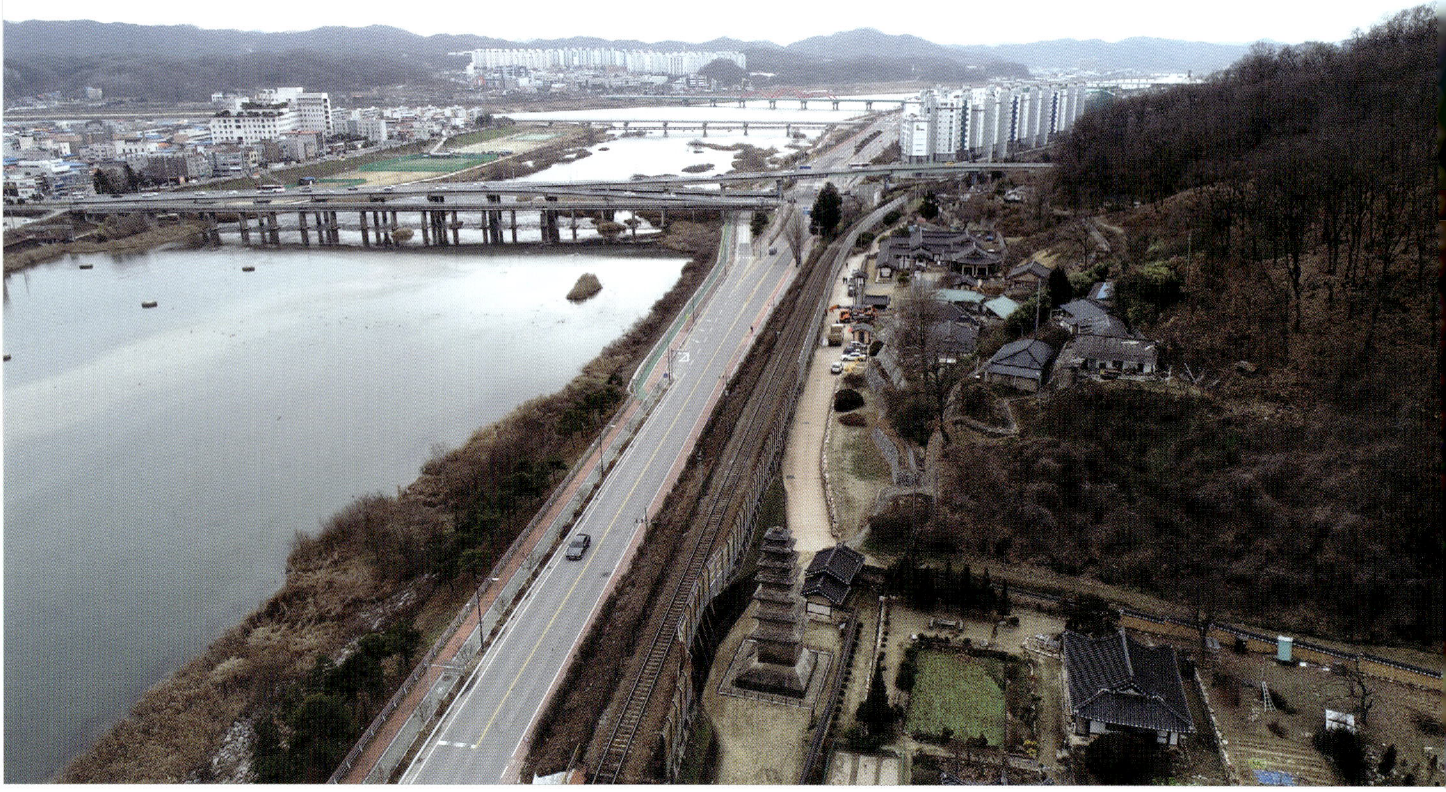

쳐 폭 1.8m 넓이로 산책로가 조성되었는데 길 곳곳에 안동 보조댐 주위 경관과 안동시 경관을 조망할 수 있는 정자와 전망대가 세워져 있다. 기존 안동댐 진입로와 임청각, 신세동 7층 전탑, 안동시립민속박물관, 안동민속촌, 선성현객사, 월영교, 물문화회관, 공예문화전시관, 자연색문화체험관, 물문화기념관, 안동문화관광단지 등 안동댐 주변의 관광자원과 연결된 수려한 풍광은 관광객들의 입소문을 타고 웰빙 나들이 코스로 각광받고 있다. 특히 발아래로 맑은 낙동강이 흐르고 위로는 끝없는 숲이 이어져 남녀 데이트 코스는 물론 노소 불문하고 힐링 공간으로 자리 잡아가고 있다.

월영교

물빛이 달빛을 가장 아름답게 머금는다는 월영교는 2003년에 개통되었다. 길이 387m, 너비 3.6m로 국내에서는 가장 긴 목책 다리다. 전국에서 사진작가들이 가장 많이 찾아오는 곳으로도 유명한데 블로그나 카페에 가장 많이 실리는 사진이 또한 월영교다. 이 때문에 이 아름다운 월영교 사진을 보고 안동을 찾는 관광객이 엄청 많이 늘어나고 있다. 월영교는 이응태 부부의 사랑을 조형물로 형상화한 것으로도 유명하다. 중간에는 사람이 쉬어갈 수 있는 월영정이 있다. 월영이란 명칭은 월영대가 있던 월곡과 음달골에서 연유되었다.

안동댐

최근 일어나고 있는 안동에서의 가장 큰 기적은 재앙으로 인식되던 안동댐이 축복으로 전환되었다는 것이

다. 안동댐 건설로 안동의 중요한 문화자산이 이건(移建)되고 삶의 터전은 수몰되었지만 안동댐 자체가 관광 자원이 되고 주변 유적지와 경관 또한, 많은 이들에게 볼거리로 인식되면서 아픔과 피해의식이 치유된 건 하나의 모범사례가 아닐 수 없다.

안동댐은 1971년에 착공하여 1976년에 준공한 우리나라 최초의 양수(揚水) 겸용 다목적댐인데 연간 1억 5800만 KW의 전력을 생산하고 있다. 높이가 83m, 길이는 612m, 총저수용량은 12억 5천만 톤이다. 연간 9억 2600만 톤에 달하는 각종 용수를 구미·대구·마산·창원·울산·부산 등 하류지역에 공급한다. 안동호는 와룡면·도산면·예안면에 걸쳐 저수지 면적이 51.5㎢에 달하는데 특히 3대문화권 사업으로 댐 자체가 휴양 관광지로 거듭나려는 준비를 서두르고 있다.

03

한글의 다빈치 코드

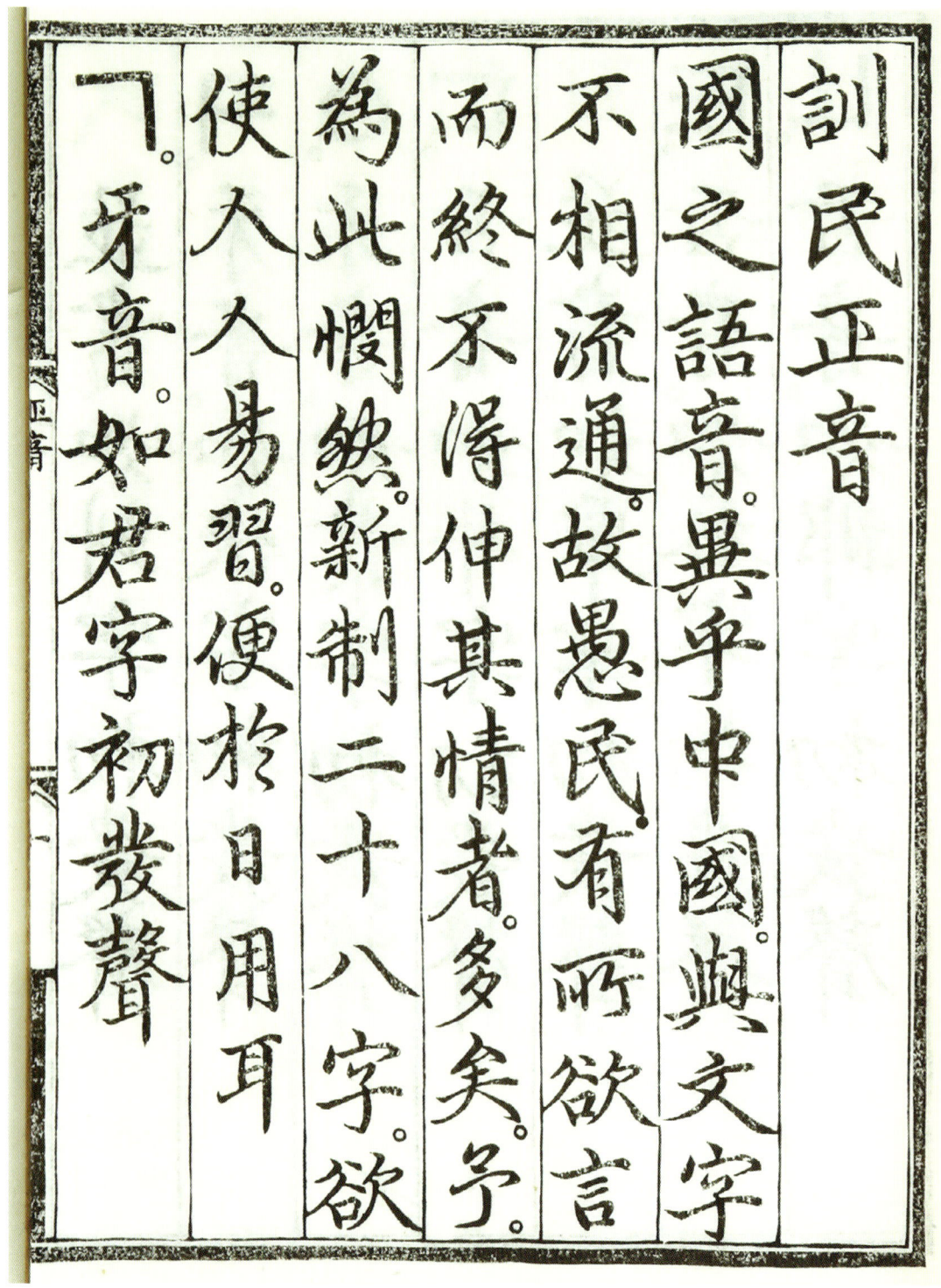

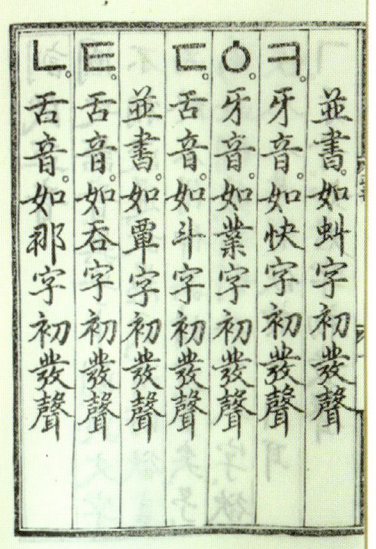
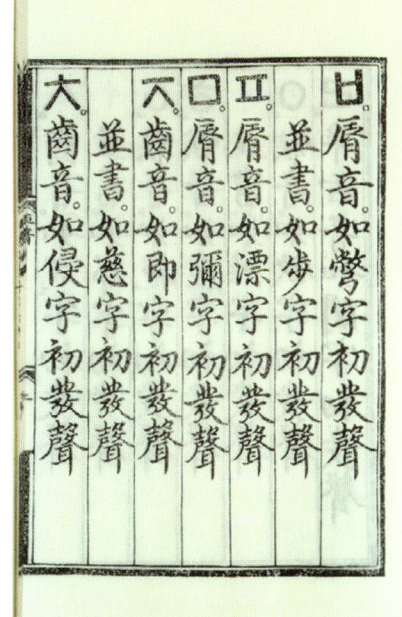
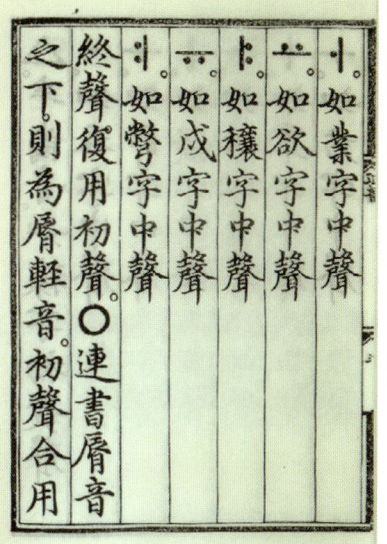
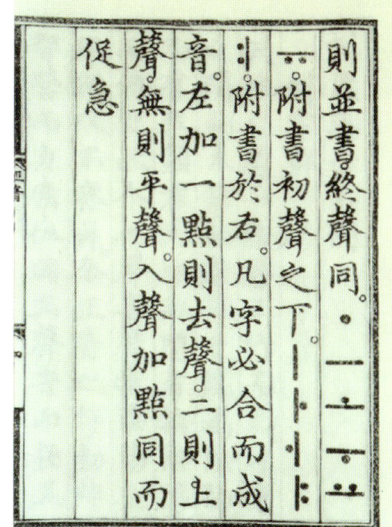

훈민정음 창제의 정설

훈민정음은 세종대왕이 즉위 25년이 되는 1443년 음력 12월 창제하고 세종 28년 음력 9월 상순에 반포했다. 훈민정음은 만든 사람과 만든 날짜, 그리고 창제원리의 기록이 전해오는 세계 유일의 문자다. 특히 세계가 인정하는 훈민정음의 우수성은 체계적인 음운 이론을 바탕으로 자음과 모음과 운소를 갖춘 새로운 음운체계의 음소문자를 만들었다는 데 있다. 따라서 그 기록인 훈민정음해례는 국보 제70호이며 1997년 유네스코 세계기록유산으로 지정이 되었다.

안동과의 관련성

안동이 필연적으로 한글과 관련이 깊을 수밖에 없는 배경에는 조선조 목판의 산실이었던 광흥사 때문으로 판단이 된다. 알려진 바와 같이 세조의 국사를 지낸 안동 출신의 학조대사가 말년에 광흥사에 머물면서 훈민정음 판각 15장을 남겼다. 현재 국내에 존재가 알려진 훈민정음해례본은 2권인데 모두 안동에서 유출한 것이다. 그 하나는 광흥사 복장 유물이 도굴된 것이고 다른 하나는 경북 안동시 와룡면 주하리 이한걸 씨 댁에 소장(간송본)되어 있던 것이다.

훈민정음해례본의 특징

훈민정음해례본은 전권 33장 1책의 목판본이다. 이 책에는 세종대왕의 서문과 예의 4장과 집현전 학자의 훈민정음에 대한 해례와 예조판서이자 집현전 대제학이었던 정인지의 서 29장으로 구성되어 있다. 구성의 특징은 세종대왕의 글은 크게 쓴데 반해 신

하의 글은 그보다 작게 썼다. 이 때문에 전자는 행마다 11자가 들어가 있으며 후자는 8행에 행마다 13자가 들어가 있다. 글씨는 세종대왕의 셋째 아들인 안평대군 이용이 썼다. 정인지, 최항, 박팽년, 신숙주, 성삼문, 강희안, 이개, 이선로가 훈민정음해례본을 만드는 데 참여를 했다.

불교와의 관련성

훈민정음은 세종대왕이 창제했다는 것이 역사적 정설이지만 이설을 뒷받침하는 증거들이 존재하는 것도 사실이다. 특히 불교계 일부에서는 훈민정음은 신미, 학조, 학열로 대표하는 신미 사단이 창제를 주도했고 세종대왕은 반포만 했다고 보고 있다. 이들은 이 같은 근거로 만약 유학자 집단인 집현전 학사들인 정인지, 최항, 박팽년,

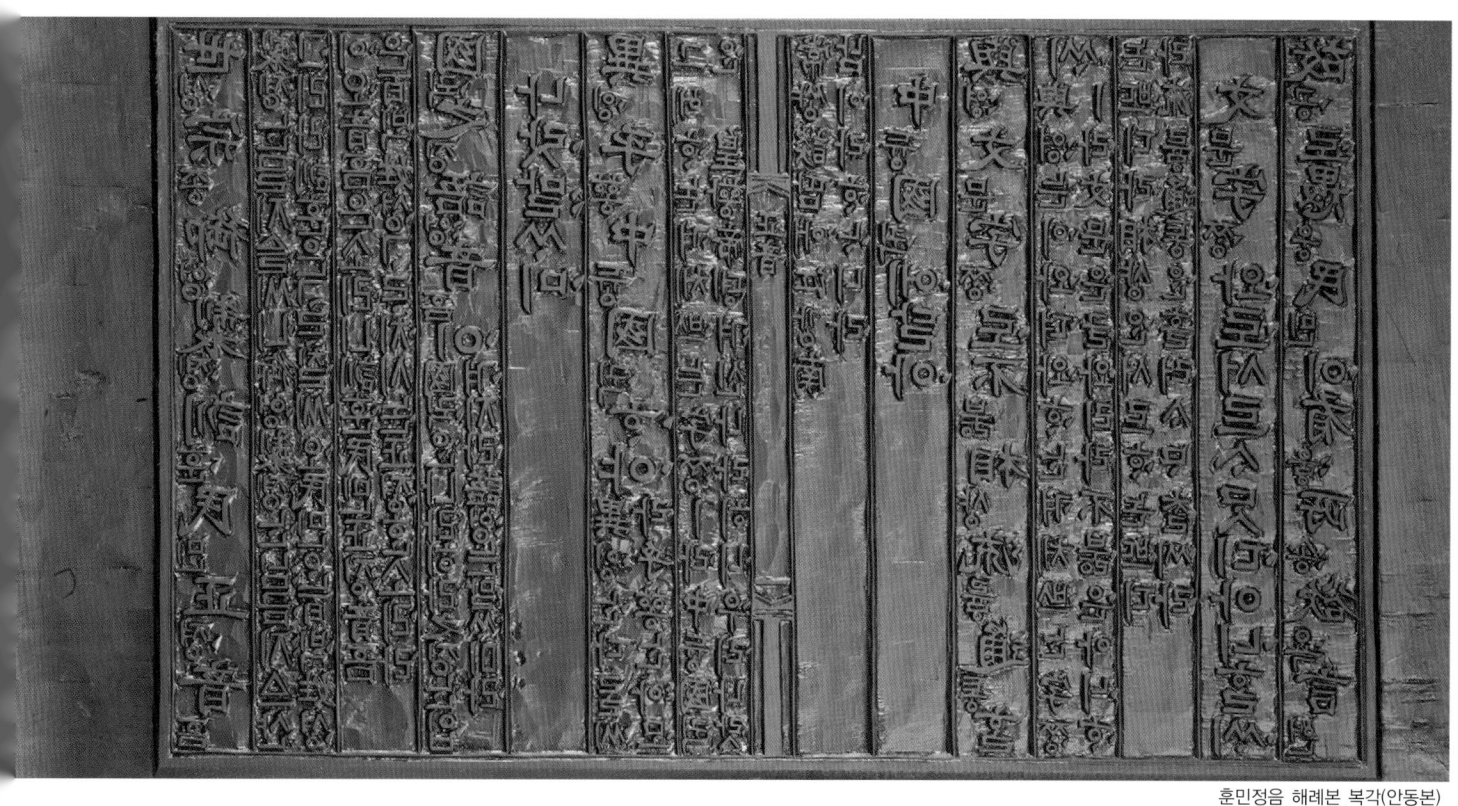

훈민정음 해례본 복각(안동본)

신숙주, 성삼문, 강희안, 이개, 이선로가 세종의 명을 받아 창제를 직접 주도했다면 최초의 한글은 석가모니를 찬양하는 〈월인천강지곡〉이나 『석보상절』이 아니라 공자 맹자를 찬탄하는 글이 만들어졌을 것이라는 것이다.

이와 더불어 훈민정음해례본의 예의 부분에는 문자인 훈민정음 28자인 초성(첫소리) 17자, 중성(가운뎃소리) 11자, 그리고 종성 문자에 대한 설명과 각 문자들의 운용 방법에 대하여 자세히 설명되어 있는데 이것은 불교의 28천과 연관이 있다는 주장이다.

특히 언해본의 경우 세종대왕 서문 글자 수가 108자이고 해례본 또한 예의까지 포함한 정음편 한자의 출현 빈도수가 108자라는 놀라운 사실이다.

훈민정음 복각 목판 국회 전시

유교보존회(회장 이재업)는 세종대왕이 조선 제4대 왕으로 즉위한 지 600돌이 되는 해를 기념하여 훈민정음 복각 해례본과 언해본을 2018년 10월 22일부터 24일까지 국회에서 전시를 했다. 이날 행사에는 문희상 국회의장과 정세균 前 국회의장, 김병준 자유한국당 비대위원장, 김관영 바른미래당 원내대표, 김성태 자유한국당 원내대표, 심상정 정의당 대통령 후보, 주호영, 나경원 의원 등 여야 국회의원 30여 명이 참석했다.

전시되는 훈민정음 복각 해례본은 1940년 안동에서 발견돼 1962년 국보 제70호로 지정된 간송미술관 소장본(1997년 10월 유네스코 세계기록유산으로 등록)을 목판으로 판각한 '안동본'으로 명명되고 있다.

목각판은 본문 33면 17장 이외에도 간기 1장과 발문 1장, 능판화 1장이 추가돼 총 20장으로 구성돼 있다. 또, 지난 5월 복각 완료된 언해본은 한글 창제의 원리를 밝혀주는 해례본을 한글로 번역한 것으로 '희방사본'을 기본으로 양면 11장과 능화판 1장, 서문 1장, 발문 1장, 총 14장으로 구성한 것을 전시했다.

04

안동지역 가문의 독립운동

안동은 최초의 독립운동 발상지이면서 명실상부한 독립운동의 성지다. 2015년 기준으로 독립운동 관련 포상을 받은 유공자가 353명, 미포상 독립유공자가 678명이다. 이는 천만 도시 서울 342명과 견주어도 독보적인 수치다. 평화로울 때는 부모에게 효도하고 나라가 어려우면 배운 도리를 다한다는 우환의식의 발로가 가문 중심의 독립운동으로 이어졌다.
2019년은 3·1 만세운동과 임시정부 수립 100주년이 되는 해다. 대한민국 임시정부 3대 수반이면서 초대 국무령(대통령)을 지낸 석주 이상룡을 중심으로 가문 중심의 안동 독립운동의 한 실례를 살폈다. 안동 정신의 대의를 일깨우는 시간이 되었으면 하는 바람이다.

임청각

임청각

석주 이상룡(1858~1932)은 고성이씨 임청각의 17대 종손이다. 한일합방으로 일본에 나라를 빼앗기자 1911년 1월 5일 99칸의 임청각과 전답을 모두 팔고 52세에 전 가족을 데리고 만주 망명길에 올랐다. 서간도에서 석주는 신흥무관학교의 전신인 신흥학교를 이회영과 함께 건립해 신교육에 앞장섰으며, 경학사를 만들고 한족회회장, 서로군정서 독판, 대한민국임시정부 초대 국무령 등을 역임하다 1932년 만주에서 생을 마쳤다. 아들인 이준형은 1942년 자결로 일제에 항거했다. 이준형의 아들이면서 석주에게는 손자와 손부가 되는 이병화와 허은 여사 역시 선대의 뜻에 따라 독립운동에 투신했다. 특히 허은 여사는 이육사의 어머니인 허길[1]이 종고모가 되는 한말 대표적 의병장 왕산 허위[2], 허형[3] 가문의 손녀이다 보니 독립운동은 필연일 수밖에 없었다. 시댁 친정 모두 서간도로 망명을 온 탓이었다. 시할아버지 이상룡, 시아버지 이준형, 남편 이병화 선생의 독립운동에 허은 여사의 뒷바라지가 있었다. 말년에 독립운동 회고록 『아직도 내 귀엔 서간도의 바람 소리가』를 출판했

1,3) 허길 : 석주 이상룡의 손자며느리 허은 여사의 종고모가 되는 육사 어머니 허길은 범산 허형(1843~1922)의 딸이다. 허형은 허필의 형이며 허훈·허겸·허위와는 종반 간이다. 허형은 3남 1녀를 두었는데 맏이 허민은 고종의 명으로 명정전과 명정문의 현판을 쓸 만큼 명필이었다. 차남 허발, 삼남 허규 모두 독립운동에 투신했다. 딸 허길은 진성이씨 이가호에게 출가하여 이원기·이원록·이원일·이원조·이원창·이원홍을 낳았다. 그중 저항 시인으로 이름이 높았던 육사 이원록과 이원기는 독립운동에 투신하여 건국포장을 받았다. 허형은 을사조약 이후 오적 암살 사건에 연루되어 체포되었다. 1908년 5월 허위가 체포되어 10월 순국하자 허겸은 1912년 허위의 가족인 제수와 네 아들 및 두 딸을 데리고 서간도로 망명했다. 허형도 1915년 아들 허발과 허규, 그리고 동생 허필의 가족과 함께 망명, 종제 허겸 및 허위의 가족과 합류하였다.

2) 왕산 허위 : 왕산 허위는 한말 대표적 의병장이다. 허위 가문은 한말과 일제강점기를 통해 수많은 항일 운동가를 배출했다. 허위의 맏형 허훈은 진보 의진의 창의장이었고, 셋째 형 허겸은 형과 아우를 도와 의병 투쟁에 참여하였다. 1910년 국권 상실 이후에는 허겸·허형·허필은 그 일가를 이끌고 만주와 노령으로 망명하여 항일 투쟁을 계속하였다. 허위가 순국한 뒤 만주로 망명한 이들 일가는 국내외를 통해 조국 광복에 헌신하였다. 특히 허겸·허형·허필은 북만주 이역의 하늘 아래 뼈를 묻었고, 그들의 아들들은 만주와 노령을 전전하며 독립운동에 일생을 바쳤다.

는데 독립투쟁 때 실생활들을 기록한 것이었다. 1915년부터 1932년까지 17년을 만주에서 서간도 독립운동 지원에 헌신한 공로로 건국훈장 애족장을 수여받아 임청각이 배출한 10번째 독립운동가가 되었다. 현재 임청각 21대 종손은 이철증의 장남으로 태어나 백부인 이도증의 후사를 이어 임청각 종통을 계승한 이창수(51) 씨다.

향산고택

석주 이상룡의 막내 처제이며 백하 김대락의 막내 여동생인 김락(1863~1929)은 15세 되던 해 안동시 도산면 하계마을 의병장 이만도의 맏아들인 이중업에게 시집왔다. 향산은 1896년 예안의병을 창의하고 대장을 맡았다. 예안의병은 경북 상주 태봉의 수비대를 습격했고, 일제는 이에 대한 보복으로 안동과 예안 일대 1천여 가구를 방화했다. 1910년 국권이 피탈되자 향산은 죽음으로 불의에 항거하고자 단식에 들어갔다. 단식은 24일간 계속되었으며 누구도 말릴 수 없는 항거의 대의는 순절로 마감되었다. 향산의 기개는 다시 그 자손들로 이어졌

향산고택

학봉종택

다. 아들 이중업은 안동 일대 의병을 모으는 '당교격문(唐橋檄文)'이란 명문을 남겼으며 김창숙과 함께 파리장서를 추진하는 중심에 섰다. 손자 이동흠과 이종흠은 김창숙을 주축으로 한 독립자금 모금운동인 제2차 유림단사건에 연루돼 오랜 기간 옥고를 치렀다. 문과에 급제한 뒤 정언 벼슬을 지낸 3종질 이중언도 순절을 선택했다. 1919년 안동에서는 3월 17일과 22일 예안장터에서 대대적인 독립만세운동이 벌어졌다. 이 시위에 참여했던 향산의 며느리 김락은 일본 경찰에 끌려가 모진 고문 끝에 실명했다. 향산 가문은 임청각과 더불어 3대에 걸쳐 독립운동에 투신한 집안이다. 김락 여사를 중심으로 시아버지 향산 이만도, 남편 이중업, 아들 이동흠, 이종흠, 사위 학봉종손 김용환[4]이 모두 독립투사였다. 몇 해 전 도청 안동 이전을 위해 헌신하다 숙환으로 별세한 이동석 씨가 향산의 주손이다.

---

4) 김용환 : 김용환은 안동지역 의병의 지도자인 서산 김흥락의 손자이자 김락과 이중업의 맏사위다. 그에게 상해임시정부 국무령을 지낸 석주(石洲) 이상룡(李相龍)은 아버지 고모의 손자이기도 했다. 의성김씨 학봉 김성일 종가의 13대 종손인 그는 '파락호' 소리를 들으며 노름꾼으로 위장해 엄청난 종가 재산을 독립운동에 바친 인물이다. 그런 그에게 1896년 6월 일본 경찰이 학봉 종택을 급습하여 김회락 의병 대장을 체포한 사건은 김용환을 독립지사로 키운 계기가 되었다. 이 사건으로 할아버지 서산은 동생을 숨겼다는 죄목으로 일본 경찰에게 결박당한 채 마당에서 무릎을 꿇는 치욕을 당했다. 1907년 이강년 의진에 입진해 안동 영양 예천 문경 등의 전투에 참전했고, 1909년엔 김상태 의병과 함께 봉화 서벽전투에 참전했다. 1909년엔 비밀독립운동 단체인 용의단을 조직해 매국노 일진회 간부들에 대한 암살을 시도했다. 1919년 1월엔 만주로 망명하려다 신의주에서 체포돼 압송됐는데 4번째 구금이었다. 학봉 후손 가운데서 17명의 독립유공자가 배출되었다.

백하구려

여성 독립운동가로 이름이 높은 김락은 석주 이상룡의 아내인 김우락(1854~1933)의 막냇동생이다. 그리고 김락과 김우락의 집안 또한 독립운동 가문으로 명망이 자자한 임하 천전(내앞) 백하구려다. 그러니까 이들 자매의 큰 오빠가 바로 백하가 호인 김대락(1845~1914)이다. 백하와 석주는 처남 매부 사이인데 독립운동을 위해 일가를 모두 데리고 서간도로의 망명은 손위 처남인 김대락이 먼저 나섰다. 만삭인 손부와 손녀는 물론 집안 청년자제까지 모두 데리고 떠난 길이었다. 이때 백하의 나이 66세였다. 석주는 이듬해 문중 30여 가구를 이끌고 만주로 망명했다. 백하와 석주는 전 재산을 팔아 조성한 자금으로 경학사와 신흥강습소를 설립하고 독립의 터전을 다졌다. 류인식, 김동삼이 실무책임자로 경학사를 이끌고, 신흥강습소를 신흥중학교, 무관학교로 발전시켰다. 백하에게는 김우락, 김순락, 김락 3명의 여동생과 김효락, 김소락, 김정락 3명의 남동생이 있었는데 김대락 4형제 가운데서만 5명의 독립유공자가 배출되었으며 의성김씨 집성촌인 내앞마을 전체에서는 33명의 유공자가 나왔다.

백하구려

05
계상고택

　계상고택을 가본 사람은 일단 두 번 놀란다. 첫째, 하늘이 비경을 감추고 있다가 비로소 자신에게 드러냈다고 할 만큼 너무나 아름다운 풍광에 놀라고 둘째, 이런 보석 같은 곳이 아직 세상에 알려지지 않은 것에 다시 한 번 놀란다. 고택 뒤로는 바람 드는 날 수런수런거리는 무성한 숲 나무들이 말을

걸어올 것 같고 강을 한눈에 품은 마당은 삼남 길지를 향해 융융하면서도 유장하게 흐르는 낙동강에 기꺼이 어미의 마음으로 한쪽 가슴을 내어준다. 시간이 나른하게 흐르는 오후 시원(始原)의 강에 발이라도 담그고 싶거나 갑자기 내가 지나온 길이 궁금할 즈음 사람 좋기로 소문난 이 집 주인을 만나기라도 한다면 그야말로 더 없는 행운이다. 이곳저곳 고택 주위를 둘러보다 이 집 이두한 주손(57세)이 내온 다식을 앞에 두고 차 한 잔에 이런저런 이야기를 주고받다 보면 어느새 반가운 손님처럼 짙게 내린 어둠이 텅 빈 충만을 선물한다. 계상고택은 그런 곳이다. 저절로 힐링이 되는 이곳을 찾아오려면 도산서원과 애일당을 지나고 다래[月川]를 휘돌아 안동으로 흘러가는 낙동강을 건너야 한다. 청고개[靑峴]을 남향으로 마주 보는 계상고택은 퇴계 이황의 11세손인 이만응(李晩鷹, 1829~1905)이 1800년대 후반에 지었다. 정면 7칸, 측면 7칸의 'ㅁ'자형의 계상고택(繼尙古宅)은 건물 자체로도 아름답지만 조선 후기에 지어진 건물로는 규모가 꽤 큰 편이다. 1975년 안동댐 건설로 이 주위의 고택이 모두 수몰되거나 다른 곳으로 옮겨간 탓에 이곳에는 계상고택만 유일하게 남았다. 지금의 계상고택 자리는 역동 우탁을 배향했던 역동서원이 있던 자리라고 한다. 이 같은 연유 때문인지 계상고택은 독특한 구조를 하고 있어 고건축 연구에도 귀중한 사료가 되고 있다. 전문가들에 따르면 일반 고택에서 볼 수 없는 누상

고(樓上庫)와 누당(樓堂)형태는 서당 건축에 가깝다는 것이다.

이 집을 건축한 퇴계 이황의 11대손인 계상(繼尙) 이만응(李晩鷹)은 1895년 예안의 유인(儒人) 223명을 대표하여 예안통문(禮安通文)을 작성하여 선성의진(宣城義陣)을 비롯한 을미의병을 일으켜 명성황후를 시해한 을미사변과 단발령에 맞섰던 인물이다. 계상의 선친 이휘병(李彙炳)은 1855년 사도세자의 추숭(追崇)을 요구하는 영남만인소(嶺南萬人疏)의 소수(疏首)였고, 가백 이만손(李晩孫)도 1881년 척사(斥邪)를 주장하는 영남만인소의 소수(疏首)였다.

06

충혼탑과 위령탑

와룡면 주진교 휴게소 인근에 들어설 한국전쟁 양민희생자 위령탑 부지

충혼탑

안동지역 충혼탑은 정하동 영호루와 독립운동가 김지섭 선생 비 바로 곁에 위치해 있는데 1965년 6월 6일 현충일 날에 준공했다. 국가보훈처에서 2003년 2월 10일 현충시설로 지정한 이곳에는 6·25전쟁 기간에 전사한 안동 출신 군경 및 민간인 1,257위의 호국영령이 잠들어 있다. 시설규모는 탑신 10m, 제단 3m, 부지 4,668㎡이며 탑신 아래에 "꽃다운 청춘을 조국에 바친 용사들의 영령이여/ 진리와 자유와 평화를 위하여 가실 길 없는 님들의 넋이여/ 이 나라 이 겨레에 길이 밝은 등불이 되어 주소서"라고 적힌 한솔 이효상(전 국회의장) 선생의 추모 글이 새겨져 있다.

특히 1,257명의 호국영령 가운데 830명은 1950년 7월 31일 낙동강을 건너다 순국했다고 한다. 급박한 상황에서 인민군이 밀어닥치자 남하를 막는 과정에서 다리가 폭파되었고 그 과정에서 830명의 군인이 전사했다는 것이다.

위령탑

한국전쟁 당시 군경에게 학살당한 양민을 기리는 위령탑이 2019년 10월 경상북도 안동시 와룡면 나소리 주진교 휴게소 인근 시유지에 세워진다. 시도비 2억 원으로 건립하는 위령탑에는 안동지역 부역혐의희생자와 국민보도연맹 사건 희생자, 민간인 희생자, 대구 경북지역 형무소 수감 중 억울하게 희생된 110명의 혼령이 안치된다.

2008년 12월 30일~2010년 6월 29일까지 활동한 국가의 진실 화해를 위한 과거사정리위원회는 안동지역 민간인 희생사건 진실규명 결정서에 서 "비록 전시라는 특수한 상황이라 하더라도 부역 혐의가 있다는 이유로 비 교전 상태에서 무저항 민간인을 살해한 것은 헌법에 보장된 생명권과 적법절차에 따라 재판을 받을 권리를 침해한 것이며 어떠한 논리로도 변명이 되지 않는 반인륜적 범죄행위다. 결국 이 사건은 안동 경찰서, 국군 제8사단 소속 군인과 헌병대 등 가해자와 행위자들을 관리 감독할 책임이 있는 국가에 책임이 귀속된다."고 밝히고 있다. 한편 위 규명된 희생자 말고도 안동지역에는 한티재에서 희생된 미규명 희생자를 비롯하여 드러나지 않은 희생자가 수백명이 이른다는 증언이 계속 나오고 있어 국가의 추가 조사를 통해 사건을 마무리 짓는 대책이 나와야 한다는 목소리가 뜨겁다.

07

천부경과 안동 그리고 정진호

　퇴계 선생이 오가산(吾家山)이라고 했던 청량산은 지혜의 영산이다. 옛 선도의 맥을 이어온 선인 혁덕(仙人赫德)이 수도한 유적이 있고 신라 시대 원효와 의상대사의 수행 전설과 명필가 김생이 공부했다는 김생굴, 고운 최치원의 흔적인 고운대(孤雲臺)와 독서대가 있다. 고려 공민왕이 홍건적 난을 피하여 은신했다는 오마대(五馬臺)와 산성 그리고 조선 퇴계 선생의 얼이 서린 청량정사도 있다. 이처럼 한민족의 얼이 생생히 살아 있는 청량산에서 천부 상·하경이 구전으로 이어진 신비로운 사실이 있어 많은 이들에게 전하는 바다. 안동의 유학자 설영필이 김생굴에 올랐을 때, 굴 안에서 남루하지만 눈빛이 형형한 노인이 항상 낭독하는 글귀를 간곡하게 물어 받아 적어왔지만 알 길이 없어 같은 유학자 정춘화(1925~1987)에게 주었다고 한다.

　정춘화 역시 신비한 인물이다. 일제 말기 그의 부친이 '천(天), 불(佛), 조물(造物), 인연(因緣)'을 받아쓰게 한 후 "네 나이 60에 중(中)을 알 것"이라고 했다 하는데 실제로 그는 60세에 평생 연구한 중화집(中和集)의 이치와 설씨로부터 전해 받은 천부상경의 이치를 깨달아 『천부경약해』를 간행하였다. 그 후 그의 아들 정진호(안동시 와룡면 나소리 나별 1953~2009)가 선친의 유고를 정리하여 천부상·하경을 해석한 《신역 역주 천부경》을 10부 만들어 보관하던 중 2006년 도산서원에서 필자와 만나게 되었다. 그는 퇴계 선생의 유품 중 빛바랜 혼천의(渾天儀)를 원형 복원하여 『도산서원 혼천의』를 발간한 고천문학자이기도 하다. 신시 배달국으로부터 6천여 년 동안 구전으로 전해 내려온 신비의 경전, 천부상경 원문은 '대일소일 이중화 삼일체 이중처 원 대일소일(大一小一 二中化 三一體 二中處 元 大一小一)'의 18자이다. 일반적으로 천부경으로 널리 알려진 천부하경 81자는 시작도 끝도 없는 무한의 하나에서 셋이 나와 태동하는, 우주만물의 창조와 변화원리를 설명하는 시간적 개념의 우주론이다. 반면 천부상경은 무한의 무한자이자 본체인 일(一), 즉 일신(一神)으로 그 작용이 되는 대, 중, 소

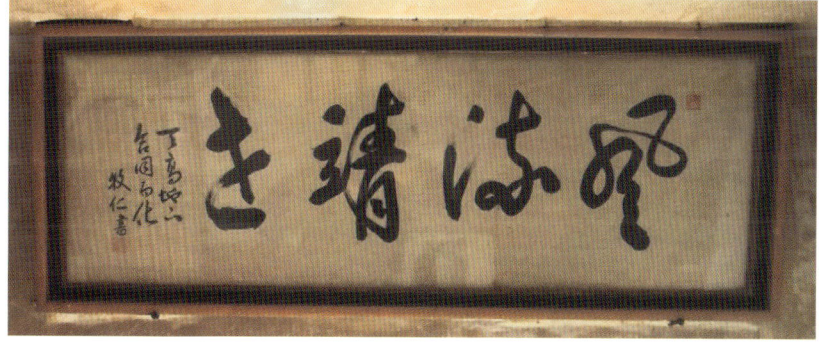

정진호선생 구택

가 되는 이치와 결합하여 우주가 무한의 무한자로 확대되고 무한의 무한소로 축소되는 공간개념의 우주론이다. 시간과 공간개념의 천부상 하경의 우주론이야말로 삼신이 곧 일체라는 우리 민족의 삼신일체사상을 설명하는 우주 본체론이라 할 수 있다. 우주 본체인 일신은 바로 빛(光)이요 하늘이요 광명이요 태양이다. 우리가 백의민족이고 천손민족인 것은 천부경으로 태양 같은 본성을 밝혀온 민족이기 때문이다. 천부경은 종교적 경전이 아니며 우리 민족 모두가 일깨우고 알아야 할 민족시원의 철학사상이다. 천부경 어디에도 신이라는 글자가 없으며, 내세나 구원의 희망도 없다. 그저 우주는 시작도 끝도 없는 영원한 존재이며 인간은 하늘과 땅 즉 우주 그 자체라고 말한다. 천부경 상하경은 배달민족의 '밝' 사상, '한' 사상 중심철학이며 이 우주는 시간과 공간을 초월하는 영원한 우주이며, 이 하늘과 땅과 나의 마음이 하나가 되면 영원히 존재하는 밝은 빛이 된다는 가르침이다. 우리가 영원히 존재하는 밝은 별이 될 것인가 흔적도 없이 사라지는 하루살이가 될 것인가는 우리의 마음먹기에 달려있다는 것이다.

*위 내용은 이동수 안동문화원장의 천부경에 관한 생각을 정리한 글이다.

08

안동국화차

조선의 실학자 이규경(1788~1856)이 쓴 백과사전인 '오주연문장전산고'에 국화차 만드는 법과 먹는 법이 소개되어 있다. '산림경제'에도 "감국은 정월에 뿌리를 캐고 3월에 잎을 따며 5월에 줄기를 따고 9월에 꽃을 따는데 모두 응달에 말린다"고 되어 있는 것으로 보아 오래전부터 국화를 차로 마시거나 약재로 사용했던 것 같다.

하지만 우리나라 5천 년 역사에서 국화를 차로 상용화한 것은 최근의 일이다. 감국을 차로 최초 상용화한 사람은 1980년대 중반 안동시 서후면 봉정사 옆 일지암에서 수도 생활을 하고 있던 돈수 스님이다. 돈수 스님에 따르면 봉정사 일대는 우리나라에서 가장 일찍 봄꽃이 피는 반면 서리는 가장 늦게 내려 국화재배에 최적지이지만 스님이 국화차를 개발했을 당시에는 단 한 군데의 국화 재배 농가도 없었다고 한다.

이 때문에 돈수 스님은 봉정사 일대 농가를 일일이 찾아다니며 기존에 재배하는 작물대신 국화로의 대체를 권유했다. 스님의 간곡한 설득이 주효했는지 봉정사 일대의 논밭에는 하나 둘씩 국화재배를 하는 농가가 늘어나면서 상용화를 위한 제조시설도 하나 둘씩 들어서기 시작했다. 일명 돈수국화차로도 불리는 안동국화차는 현재 안동국화차 영농조합법인 가을신선을 비롯하여 여러 업체에서 생산, 판매하는 국화차가 안동 특산품으로 지정되어 청와대에도 납품되는 등 대도시 백화점과 인터넷 판매 등을 통하여 전국적으로 거래되고 있다.

09

안동 인물 초상화

농암 이현보 초상 | 1537년 | 마본채색 | 128.0×105.0 | 보물 제872호 | 기탁 : 영천이씨 농암종택

청계 김진 초상 | 1572년 | 견본채색 | 143.5×117.5 | 보물 제1221호 | 기탁 : 의성김씨 청계공파 문중

퇴계의 초상화가 있느냐를 두고 물으면 아는 사람이 거의 없다. 우리가 흔히 알고 있는 천 원짜리 지폐 초상은 이당 김은호가 그린 표준 영정이다. 이마가 툭 튀어나왔다는 그간 기록에 비추어 퇴계 초상화로 유추되는 영정이 있다는 소리를 듣기는 했으나 아직 공식적으로 공인되었다는 소식을 접하지는 못했다. 그만큼 안동인의 인물 초상화에 대해서는 별로 알려진 바가 없다. 다만 그전에 한국국학진흥원(원장 심우영)의 한국유교문화박물관에서는 '초상, 형상과 정신을 그리다'라는 주제로 2009 정기기획전을 개최한 것이 있었다. 그때 경북 인물 중심의 고려 후기 문인 초상화(3종 3점)를 비롯해 공신·관료 초상화(6종 8점), 지방 문인 초상화(5종 7점) 등 총 14종 18점이 전시된 것이 처음이었다.

청계 김진 초상

청계는 의성김씨 내앞파의 중흥조다. 청계의 초상은 1572년(선조 5)가로 109cm, 세로 142cm 크기로 제작되었다. 현재 보물 제1221호로 지정되어 있으며 한국국학진흥원에 기탁 보존되고 있다. 모시 바탕에 채색한 초상화는 오른쪽을 바라보며 앉아 있는 모습으로 두 손은 소매 안에서 마주 잡고 있다. 머리에는 높고 테가 넓은 전립을 썼으며 녹색의 옷을 입고 있다. 얼굴은 몇 개의 선으로만 처리했고 눈매는 매우 가늘다. 명상에 잠긴 듯한 얼굴과 전체적인 분위기가 학자로서의 면모를 암시하고 있다. 깔고 앉은 호랑이 가죽의 방석은 부피감이 없고 매우 평면적이지만 그림이 어색하지 않다. 묵선만 사용한 것이 아니라 다양하게 갈색선, 붉은 선 등을 사용하여 안동지역의 사대부상을 잘 표현한 귀중한 작품이다.

송재 이우 초상 | 1506년 | 견본채색 | 167.5×105.0 | 소장 : 진성이씨 송당종택

송재 이우 초상화

송재(松齋) 이우(李堣, 1469~1517) 호는 송재이며 퇴계의 숙부이다. 1506년 동부승지에 임명되어 마침 입직하던 날 중종반정이 일어나 협력한 공로로 정국공신(靖國功臣)4등에 녹훈, 청해군(靑海君)에 봉해졌다. 문장이 맑고 시에 뛰어나 산천의 명승을 읊은 것이 『관동록』·『귀전록(歸田錄)』에 전한다. 저서로 『송재집』1권이 있다. 송재의 초상화 복식은 당시 문무 관리들이 일할 때 입던 평상복 차림이다. 좁은 소매, 흑단령, 가슴을 가릴 정도의 단색문양 흉배를 부착한 시복을 입고 있다. 공신도상(功臣圖像)으로써 바닥에 깔린 채전과 족좌대(足座臺)를 묘사하는 방식이 이전의 초상화에서는 볼 수 없던 새로운 요소다. 신체의 윤곽선이 부드럽고 옷 주름선이 각지게 처리된 것이 특징이다.

농암 이현보 초상화

보물 제872호인 이현보 초상은 1536년(중종 31) 팔공산 동화사의 옥준상인(玉埈上人)이라는 승려가 그렸다. 규격은 세로 120㎝, 가로 95㎝. 비단 바탕에 채색인데 이현보가 경상도관찰사로 재직하던 16세기에 제작된 초상화이어서 사료적 가치가 높다.

초상의 형태는 서안(書案)을 앞에 두고 가부좌한 전신 좌상으로 붉은 무관복을 입고, 머리에는 위가 뾰족한 평량자(平凉子)를 썼으며, 허리에는 서대(犀帶)를 두르고 있는 모습이다. 옷의 윤곽과 주름에 쓰인 짙은 홍색선에는 금색 선이 덧대어져 단조로움을 보완하면서 깊이를 더해 주고 있다. 큼직큼직한 이목구비의 표현이 선에 의존하는 과장된 표현이 엿보이나 전체적으로 이현보의 곧은 기개와 활달한 성품이 잘 묘사되어 있다. 농암 초상은 후손들이 영정(影幀)의 마모를 염려하여 1827년(순조 27) 소당 이재관(李在寬, 1783~1837)으로 하여금 모사하게 한 별본영정(別本影幀, 경상북도 유형문화재 제63호)이 함께 전하고 있다.

손홍량 초상화

정평공 손홍량은 충선왕(忠宣王) 때 과거에 급제하여 충숙(忠肅)·충혜(忠惠) 양조(兩朝)에 벼슬하고 1348년(충목왕 4) 첨의평리(僉議評理)로서 하정사(賀正使)가 되어 원나라에 다녀왔다. 1349년(충정왕 1) 추성수의동덕찬화공신(推誠守義同德贊化功臣)에 봉해지고, 도첨의찬성사(都僉議贊成事)를 거쳐 판삼사사(判三司事)된 후 1351년 치사(致仕)했다. 손홍량의 초상화는 공민왕이 직접 그렸다는 것이 문헌상 기록으로 남아 있다. 1364년 홍건적의 난의 평정을 축하하기 위해 서울에 올라간 정평공은 왕으로부터 궤장(几杖)과 자신의 초상화를 받았다. 지금 전해지는 손홍량 초상은 10년 전 안동대 배영동 교수가 발굴한 것인데 공민왕이 그린 진품의 모사본으로 추정된다.

정평공 손홍량 초상 | 18세기 이후 | 지본채색 | 80.0×37.5 | 소장 : 일직손씨 대종택

10

역동 우탁

경북 안동시 와룡면 오천리에 역동 유허비가 있다. 이 비석은 고려 후기 문신인 우탁(禹倬) 선생을 기리는 것으로 1789년(정조 13년)에 예안면 의양동(현재 안동시 예안면 의양리) 일대에 세워졌다가 1880년(고종 17년)에 새로 세워졌는데 1973년 8월 31일에 경상북도 시도유형문화재 제30호로 지정되었다. 6년 뒤 1976년 4월, 비석이 있던 지역이 안동댐 건설로 수몰되어 댐 가장자리로 옮겨졌다가 1998년 현재 위치로 이전되었다. 유허비는 경상북도 유형문화재 제30호로 지정되었다. 유허비는 어떤 사람이 생전에 살던 옛터에 기념으로 세우는 비석이며 허(墟)는 터를 뜻한다.

우탁은 1262년 단양에서 태어나 1278년(충렬왕 4년)에 향공진사(鄕貢進士)가 되고 과거에 올라 영해사록(寧海司錄)으로 진출하였다. 영해사록으로 있을 당시 영해에 팔령(八鈴)이라고 부르는 신사(神祠)가 있었는데 백성들이 그 영험을 믿는 바람에 재물을 바치고 제사를 올리는 등 폐해

가 막심했다. 우탁은 팔령신을 요괴로 단정하고 신사를 과감히 철폐하였다. 충선왕이 즉위한 1308년 우탁은 감찰규정(監察糾正)으로 있었다. 그러던 중 왕이 부왕(충렬왕)의 후궁 숙창원비(淑昌院妃)와 통간하자 백의 차림에 도끼를 들고 궁궐로 들어가 목숨을 내놓은 채 도덕과 인륜을 극간했다. 이 일이 있은 뒤 곧 예안현(현재 수몰된 와룡면 일대)으로 물러나 학문에 정진하였다. 하지만 충의를 가상하게 여긴 충숙왕이 여러 번 소명해 성균좨주(成均祭酒)로 치사하였다. 그 뒤 우탁은 벼슬에서 물러나 예안(禮安)에 은거하며 후진 양성에 전념했다.

고려 후기의 문신인 우탁은 주역(周易)을 단 한 달 만에 스스로 깨우치고 동방으로 가져왔다고 하여 역동선생(易東先生)으로 불렸다. 경사(經史)에 통달하였고 〈고려사(高麗史)〉 열전(列傳)에 '역학에 조예가 깊다'고 기록될 만큼 뛰어난 역학자였다. 당시 새로운 유학이었던 정주학(程朱學)이 원나라를 거쳐 수용되고 있었고, 우탁은 정주학을 깊게 연구해 후학에게 전해주었다. 우탁은 1342년에 생을 마쳤다. 시호는 문희(文僖)다.

경북 안동시 송천동 안동대학교에 역동서원이 자리하고 있다. 역동서원은 안동 최초의 서원으로 선조가 즉위하던 1567년에 퇴계 이황이 발의하여 당시 예안 부포 오담에 세워졌다. 그로부터 3년 뒤 역동서원은 지방 유림의 공의로 우탁의 학문과 덕행을 추모하고자 위패를 모셨고 1684년(숙종 10년)부터 선현 배향과 지방 교육을 담당하였다. 하지만 1868년(고종 5년) 흥선 대원군의 서원철폐령으로 훼철됐다가 1969년 현재 위치에 복원되었다. 명륜동에 있던 안동대학교가 송천동으로 이전하며 서원은 공교롭게 안동대학교 안에 포함되었고 1991년 4월 1일 단양우씨 문중이 안동대학교에 서원을 기증하면서 안동대학교가 서원을 관리하고 있다. 2003년 경상북도 시도기념물 제146호에 지정되었다.

서원은 상현사, 명교당(직방재, 정일재), 전사청, 동재, 서재, 입도문으로 구성되어 있다. 상현사는 우탁의 위패를 모신 곳으로 서원에서 가장 안쪽에 있다. 위패는 고려성균관좨주단양우선생(高麗成均館祭酒丹陽禹先生)이라는 글귀를 담고 있다. 여기서 제주(祭酒)를 좨주로 읽는 까닭은 좨주가 벼슬이름이기 때문이다. 명교당은 강당으로 쓰이는 곳으로 양쪽에 협실 한 칸을 내어두었다. 이곳에 역동서원이라는 현판이 걸려있고 행사와 유림의 회합 또는 강론 장소로 사용되었다. 전사청은 제수를 장만해두던 곳으로 서원을 지키는 고지기가 있던 곳이나 지금은 비어있다. 동재와 서재는 서원에서 공부를 하던 원생들이 생활하며 강학하던 곳이다. 요즘으로 치면 기숙사와 비슷한 개념이다. 동재는 사물재(四勿齋), 서재는 삼성재(三省齋)라는 이름을 갖고 있다. 이 둘은 '예의가 아니면 보지도 듣지도 말하지도 움직이지도 말라' '가르침을 받으면서 공부를 게을리하면 결국 그 도는 자신의 것이 될 수 없고, 잘못된 지식을 다시 제자에게 전하게 된다' 등 의미를 내포하고 있다. 입도문은 서원의 정문이며 안동대학교 일과 시간 중 항상 열려있다. 입도문에 걸려있는 현판은 퇴계 이황이 직접 쓴 것으로 전해진다.

한편 우탁은 단양 단암서원, 영덕 단산서원, 경산 구계서원에도 배양되어 있다.

11
우향계

안동댐 민속촌 내 우향각

우향계안

우향계안은 1478년(성종 9년) 고성 이씨 이증(李增) 등 안동의 5개 성씨 13인의 선비로부터 시작되어 그 유지가 후손에 의해 1903년(광무 7년) 까지 이어진 420여 년간의 계에 대한 기록이다. 이 기록을 보면 1502년 영호루에 모인 13명의 후손들은 우향계의 계승을 표방하며 진솔회를 결성했으며 그로부터 200년 후인 1702년에는 63인의 후손들이 여씨 향약을 따른 9개 규약으로 세호계를 결성했다. 이어 1865년에 계는 다시 수호계로 이름을 바꾼 이래 거의 매년 5개 문중의 재실과 고운사 등 인근의 사찰에서 돌아가며 열렸다. 특히 최초의 우향계 모임으로부터 7주갑(周甲)이 되던 1898년의 계회는 안동 권씨 능동재사에서 100명에 이르는 사람이 참여한 가운데 성대하게 치러졌다.

우향계는 1903년 안동 인근의 광흥사에 모인 사실을 기록한 것이 마지막이었으나 후손들은 선조들의 뜻을 이어가고자 2004년 안동댐 민속촌 내 우향각을 새로 지었다.

계회시첩

계회시첩은 성종 9년(1478) 모임이 발족되어 광무 7년(1903)까지 420여 년 간 지속되었다. 계회시첩의 앞부분은 참여자의 시가 실렸다. 뒤이어 권태시(1635~1719)가 기록한 세호계첩서, 손성익의 화산우향계회도후서, 김영(1475~1528)의 진솔회축후지, 권장하(1802~1874)의 계축후서, 세호계안절목, 각문왕복서찰이 수록되어 있다.

우향각

안동댐 민속촌 안에 우향각이 있다. 1478년 시작한 우향계를 이어가고자 후손들이 2004년에 새롭게 지었다.

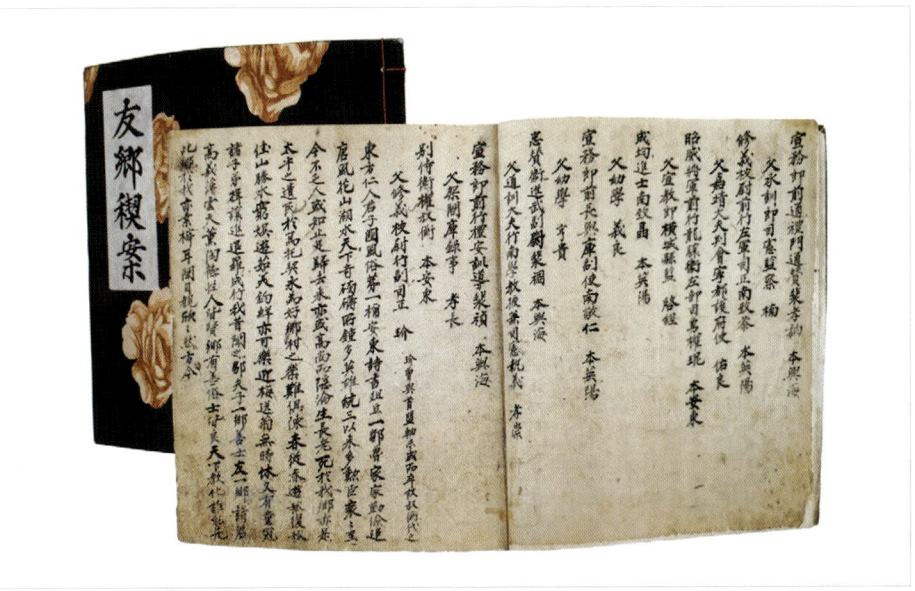

12
안동지역 도자기(陶瓷器)와 옹기(甕器)의 역사

안동 지역에서 옹기나 도자기를 만들고 구운 흔적이 기록과 함께 곳곳에 남아 있는데 그중 중요한 지역 3곳의 사례와 함께 18곳의 가마터를 소개한다.

선성지(宣城誌) 국역 537쪽
(안동문화원, 1992)

"도산서원(陶山書院)이 …… 퇴계 선생께서 퇴로하여 찾으신 곳으로 옛날에는 어떤 도공이 살던 곳이었고 그 뒤에는 양인들이 농사짓는 장소였다. 선생께서는 그들에게 돈을 주고 옮겨가게 한 뒤 양편에다 제사(齊舍)를 짓고 그곳에 기거하며 시를 읊조리는 장소로 삼았다. 인근에 사는 문인들이 줄지어 선생을 모시고 문답하는 이들이 수없이 찾아왔고, 먼 곳으로부터 와서 선생을 뵈옵고 가르침을 청한 사람들이 구름같이 모여들어 세상에는 '산속의 시장(山中市)'이라고 불렀다. 이것이 어찌 올바른 학문과 익숙한 공부 그리고 진정으로 즐거워하여 마지않을 것이랴. 하물며 옛 도공이 살던 곳을 비천하게 여기지 않고 '도산(陶山)'으로 이름 지었으니, 이른바 대덕(大德)을 가진 사람이 아니겠는가."

퇴계 선생이 자필로 쓴 『도산기(陶山記)』를 보면 "산중에 오래전부터 옹기 굽는 가마가 있었기 때문에 도산이라고 하였다.(山中舊有陶竈. 故名之以基實也)"

또한 퇴계 선생의 『도산잡영(陶山雜詠)』에서도 "순임금 몸소 질그릇 구우시니 즐겁고 편안했다(大舜親陶 樂且安)"라고 순임금 도자기 애호를 소개하고 있다.

문화재청 국가문화유산 포털 안동광음리분청사기요지

요지는 자기나 기와, 그릇을 만들어 굽던 가마터를 말한다. 광음리 야산의 남쪽 기슭에 있으며 조선 전기 분청 인화문 상감사기를 굽던 곳이다. 선조 41년(1608)에 편찬된 경상도 안동부 읍지인 "영가지"에는 광음 흙 항아리 생산지가 안동관아에서 25리 떨어진 곳에 있으며 '그릇은 화려하고 색은 붉다'고 기록되어 있다. 가마터에는 당시 사용했던 백토 원료가 남아있으며, 버려진 사기조각은 조그마한 언덕을 이루고 있다. 광음동 분청사기 가마터는 우리나라 도자사 연구에 중요한 자료가 되는 곳이다.(시도기념물 제28호, 면적 1,485㎡, 지정 1979. 12. 18. 남후면 광음리 산 57번지) 분청사기를 제작했던 것으로 보아 백자도 병행되었다고 보아야 할 것이다.

한국도자기 가마터연구
('대구~춘천 간 고속도로 건설예정지역내 문화유적발굴조사보고서(경남대학교 박물관, 1992. 68쪽))

안동 신양리(新陽里) 가마터는 경북 안동시 풍산읍 신양3리에 위치하며 대구~춘천 간 중앙고속도로 공사에 따라 1991년에 긴급히 구제 발굴된 곳이다. 가마는 총 길이 13.8m, 번조실의 길이 12.1m, 너비 1.4m이며, 15·17도의 경사에 축조한 '단실 불기둥요'로 번조실은 모두 5칸이고 측면 출입구도 1.5m 간격으로 5곳에서 확인되었다. 특히 제4번 조실과 제5번 조실 사이에 약 42cm 높이의 불기둥 2개가 30cm 간격으로 서 있어 대전 정생동 가마의 '단실 불기둥. 천장지주요' 구조와 비교되어 앞으로 연구과제로서 주목되며 마지막 칸인 제5번 조실은 초벌구이 칸이었으리라고 판단된다. 아궁이는 1차 개·보수가 있었고 현존하는 아궁이의 크기는 길이 1.87m, 입구 너비 55cm, 가장 뒤쪽 너비 1.4m, 깊이 약 90cm로 입구는 할석으로 쌓았다. 굴뚝부의 최하단에는 20·50cm 크기의 배연구가 5개 뚫려 있다. 이와 같은 굴뚝의 구조는 칠곡 다부동 분청사기 가마의 구조와 유사하다.

안동지역 도자기. 옹기를 생산하던 곳 - 18개소

(1) 도산면 도산서원 : 도산면의 도산은 도산서원이 자리 잡은 부근의 지명인데 이곳은 예전에 옹기 굽는 가마가 있었다고 하여 퇴계 선생이 도산(陶山)으로 명명하고 이곳에 도산서당을 열었다.
(2) 도산면 선양리 독작골·독잣골 : 옛날 이곳은 독을 만들기 좋다고 하여 독 만드는 사람들이 모여 독을 만들었다.
(3) 도산면 온혜리 동작골·독작골 : 독(瓮)을 많이 구웠다고 하여 독작골·동작골이라 하는데, 지금은 터가 없어졌으나 주변에 깨어진 조각을 찾을 수 있어 당시의 사실을 증명해 주고 있다.
(4) 도산면 동부리(다래) 월천서당 밑.
(5) 예안면 인계리 독실·독골·도곡(陶谷)·도동(陶洞) : 옹기를 굽는 굴이 있었다.
(6) 예안면 도곡리 돗질·도질질(都叱質)·도질(陶質) : 일제 강점기 때 돌그릇 공장이 있었다.
(7) 풍산읍 신양리 중앙고속도로공사(1991년)시 가마터가 발굴되었다.
(8) 남후면 광음리 야산의 남쪽 기슭 조선 전기 분청인 화문 상감사기를 굽던 곳이다.(문화재청 자료)
(9) 녹전면 갈현리 = 점마·하굴현(下屈峴)·아래굴티·굴점(屈店) : 일제 말엽에는 옹기점이 많이 있다.
(10) 녹전면 매정리 독가마골(똑까맛골) : 골매 남쪽 골짜기에 있는 마을로 옛날에 독을 만드는 가마가 있었다.

월천서당 앞 가마터 부지

(11) 북후면 두산리 옹기점골 : 옹기 굽던 가마가 있어서 붙여진 이름이다.

(12) 서후면 광평리 점마·옹기점·토점(土店) : 1800년경부터 이곳에 옹기를 굽는 굴을 만들고 옹기를 만들어 팔던 곳이다. 옹기굴은 없어졌으나 마을의 어느 곳을 파보아도 붉은 흙과 옹기 조각이 나온다.

(13) 서후면 명리 옹점·독점(獨店)·석잠(石岑) : 옹기점이 있었다 하여 옹점 이라고도 하며 마평동 북서쪽에 위치하고 있다.

(14) 길안면 송사리 독점 : 송제에서 남쪽으로 1.5km 정도 떨어진 곳에 있다. 여기에 질그릇을 굽는 굴이 있다.

(15) 임동면 고천리 독점·독굴·도구리(陶邱里)·새터 : 옹기를 제작하기 위하여 만든 독굴이 있다.

(16) 임동면 수곡리 독골·도곡·구수동 : 옹기굴이 있었던 곳으로 임하댐 건설로 대부분 수몰되고 뒷산 일부분이 남아 있다.

(17) 임하면 신덕리 옹기점·점마·점마을·점촌(店村) : 옛날부터 옹기를 구워 파는 곳이 있었다.

(18) 임하면 추목리 점마·점리(店里)·상추목(上楸木) : 옹기를 생산해서 팔았다.

* 풍천 도양 : 풍산 요업.(구운 붉은 벽돌)
* 자료제공 : 김휘동 전 안동시장·이희복 도자기 명인.

13

월천 조목

월천서당은 경북 안동시 도산면 동부리에 있는 서원으로 조선 시대 학자 월천(月川) 조목(趙穆)이 1539년(중종 34년)에 건립하여 수학(修學)하며 후진을 양성하던 곳이다. 퇴계 이황이 쓴 현판이 걸려있다. 정면 4칸과 측면 2칸으로 목조 단층 기와집이며 중앙에 마루 2칸을 두고 좌우에 통칸 방이 있는 홑처마집이다. 1982년 12월 경상북도 시도기념물 제41호에 지정되었다. 한편 월천서당 앞에 있는 은행나무는 수령이 450년에 달하는 것으로 전해진다.

서당은 1590년에 개수되었다고 전해지며 지금 건물은 그보다 후대의 것으로 보인다. 기둥은 방주로 흘림을 두었다. 당판문이 어간 대청 전면의 문 얼굴에 달려있으며 윗부분에 넉살무늬를 구상하고 중반과 하반에 널빤지를 끼워놓았다. 이런 형태는 흔하지 않은 고형이다. 대청을 기준으로 왼쪽방 북편에 감실(龕室)이 고미다락처럼 구성되어 있어 신위(神位)를 봉안하고 있는데 이는 가난한 선비의 가묘 형태를 띠고 있다.

월천서당은 안동선비순례길에 포함되어 오천유적지와 예끼마을 등 주변의 문화유적지 등으로 연결된다. 안동선비순례길 1코스는 신성현길로도 불리며 총길이 13.7km로, 오천유적지부터 월천서당을 이어 안동호의 수변 경관을 감상할 수 있게 조성되어 있다.

다래마을은 옛날 초목이 무성하고 짐승이 떼를 지어 다닌다고 하여 솔내라고 불렸다. 1494년 권수익(權受益)이 옮겨와 살며 달래 등으로 불리다가 다래로 굳어져 지금까지 이어지고 있다. 권수익의 외손자인 조목이 자신의 호를 월천(月川)이라고 지은 것도 여기에 유래한다.

다래마을 뒷산은 부용봉(芙容峰)이고 앞은 낙동강이 흐른다. 멀리 파둔산은 안산을 이루고 마을 안으로는 송동(松洞)이라는 연못과 독재동(獨齋洞)이라는 우물이 있었다. 언덕 위로 채승선(蔡承先)이 지은 월천정(月川亭)과 그 아래 수월당(水月臺) 등이 있었다. 안동댐 건설로 다래마을 대부분이 수몰되었으며 안동호를 사이에 두고 경북 안동시 예안면 부포마을과 마주보고 있다.

조목은 퇴계 이황의 애제자로 1552년(명종 7년), 생원시에 합격해 성균관에 들어가고 공조참판(工曹參判)에도 이르렀지만 본래 관직에 뜻이 없어 45차례나 배명(拜命)받고도 실제로 봉직한 기간은 4년 정도다.

조목이 임진왜란 때 활약했던 기록이 다소 잘 알려져 있다. 당시 조목은 국난극복에 앞장섰던 것으로 알려지는데 1592년(선조 25년) 임진왜란이 발발하자 동생과 두 아들을 거느리고 곽재우(郭再祐)와 함께 의병을 모으는 등 활약했다. 또 1594년(선조 27년) 군자감 주부(軍資監 主簿)로 일본과 강화를 반대하는 상소를 하기도 했다.

문장과 글씨에 뛰어났던 조목은 12세에 사서삼경(四書三經)을 모두 읽고 15세부터 20여 년 동안 직접 도산을 찾아가는 등 방법으로 퇴계 이황 문하에서 공부했다. 한편 조목은 예천(醴泉) 정산서원(鼎山書院), 안동(安東) 도산서원(陶山書院), 봉화 문암서원(文巖書院) 등에 제향 되어 있다. 영정은 충남 태안군 원북면 대기리에 있는 홍현사(弘賢祠)에 봉안되고 있다. 조목은 〈월천집(月川集)〉, 훈화를 기록한 〈곤지잡록(困知雜錄)〉 등 저서를 남겼고, 스승의 언행을 모은 〈퇴계선생언행총록(退溪先生言行叢錄)〉 편찬 등 연보 정리와 문집 교정 작업을 선두에서 지휘하였다. 퇴계 이황의 수제자 가운데 유일하게 1615년(광해군 7년) 도산서원 상덕사(尙德祠)에 배향되었다.

한편 조목은 여든이 넘어 강학하기 어려운 상황에서도 도산서원에 머무르는 등 퇴계 이황을 숭모하다가 1606년, 83세의 나이로 세상을 떠났다. 7년 뒤 유현에 추서되었다.

월천선생 묘소

취규정

취규정은 안동시 도산면 도산온천에서 용수사를 가다 보면 운곡마을 언덕 위에 위치하고 있다. 임흘(任屹)은 생전에 두 곳에 정자를 지었다. 하나는 나부정사이고 또 하나는 이 취규정이다. 봉화의 정자라는 책에 구방재(求放齋)가 봉화읍 석평리에 있었는데 용담 임흘이 건립한 정자라고 하였다. 그러나 정자의 이름이 아니라 이것은 임흘이 서재에 붙인 이름인 것으로 보인다. 그리고 「행장」에 호로 사용되었다고 한 주일헌(主一軒)과 양심재(養心齋)도 당호나 서재의 이름으로 쓰였지 임흘의 호로 쓰이지는 않은 듯하다.

주일헌과 양심재는 나부정사에 딸린 서재 이름으로 추측된다. 「나부정사 28수」 중에 주일헌과 양심재라는 시가 있다. 이 두 편의 시를 읊어보자.

主一軒

恭惟一敬字	오직 이 경이란 한 글자는
萬古學者的	만고토록 학자들의 목표라네
如堤且如縶	제방뚝 같이 말고삐 같이
炬束燄頭直	횃불이 머리위로 솟는 듯
始終成在此	시종 이룸이 여기에 달렸으니
舍此他何適	이것을 두고 어디로 갈 것인가
晚蒙雖不敏	늘그막에 비록 어리석으나
名軒永夕惕	집의 이름삼고 경계하리라

養心齋

心爲一身主	마음이 온 몸의 주인이니
不可不善養	잘 기르지 않을 수 없네
養之有其道	기르는 데 도리가 있으니
寡慾最爲上	욕심이 적음이 최상이네
寡而至於無	욕심을 줄여서 없게 되면
霽月明天壤	밝은 달이 천지를 비추는 것 같으리
齋有忘機人	이 집에 천기를 잊은 사람이 있으니
閒閒獨偃仰	한적하게 홀로 누웠다 일어났다 하리

앞의 시에 살펴보았듯이 헌과 재라는 이름으로 보아 호보다는 당명이나 서재명으로 보는 것이 좋을 듯하다. 취규정은 본래 봉화읍 해저리에 있었다. 건립된 정확한 연대는 알 수 없다. 주위의 산세가 청룡이 못 속으로 달려드는 형상이었기에 취규정이라 한다고 하였다.

「용담잡영(龍潭雜詠)」 41절의 첫째 수가 취규정이다.

蜿蜿岡縮勢	꿈틀꿈틀 멧봉우리 움츠리고 있는 형세
人曰龍之頭	사람들은 청룡의 머리라고 말하네
卜築臥其上	정자 지어 그 위에 누우니
江山萬戶侯	이 강산의 만호후로구나

그러나 이 정자는 임흘이 안동의 온혜로 옮겨 온 뒤 허물어진 듯하다. 300여 년이 지난 1990년에 고 임갑순(任甲淳), 임태순(任泰淳) 등이 주도하여 이 정자를 중건하게 되

었다. 이 정자는 8칸의 모 지붕으로 양 협실 사이에 마루를 이루고 있다. 초서체로 씌어진 '취규정' 현판은 송운(松雲)이 썼다라고 기록되어 있다. 송운은 풍천 임씨로 출가한 사명당(泗溟堂) 유정(惟政)의 호이다. 사명당은 임진왜란에 승병을 이끌고 묘향산에서 왜적을 무찔렀으며, 일본과의 강화에 주도적인 역할을 한 당대의 고승이었다. 같은 집안인

임흘의 집과 당시의 대찰이었던 용수사를 몇 차례 방문하면서 「용담잡영」을 비롯해서 초서로 쓴 사명당의 친필이 후손의 집에 아직 남아 있다고 한다.

임흘의 가계와 생애

임흘은 자가 탁이(卓爾), 호가 용담(龍潭), 만회(晩悔), 나부산인(羅浮山人), 구방재(求放齋)이다. 이것은 그가 거처한 지명에 따라 혹은 학문의 취지(趣旨)에 따라 호로 삼은 것이다.

풍천 임씨(豊川 任氏)의 시조 온(溫)은 본래 송(宋)나라 소흥부(紹興府) 자계(慈溪) 사람이다. 송나라가 망한 후 주(澍)가 원나라 공주를 따라 고려에 왔다가 귀화하였다. 그리하여 고려조에서 어사대부(御史大夫) 벼슬을 지내고 물러나니, 풍천이라는 관향을 하사받았다. 이후로 고려조에 명망 있는 가문이 되었다.

조선조에 들어와서 한(漢), 유겸(由謙), 건(楗), 태신(泰臣)으로 가계가 이어졌는데, 임흘은 선무랑 태신의 아들로 태어났다. 모친은 봉화 금씨(奉化 琴氏)로 현감 응종(應鍾)의 딸이다. 그는 1557년에 서울에서 출생하였다. 1582년에 생원에 합격하였으나 곧 과거 공부를 포기하고 안동 내성현(奈城縣)의 용담(龍潭)으로 이사를 하였다. 그가 서울의 명문가에 태어나고 재주가 출중했으나, 이렇게 안동으로 내려온 것은 임흘의 타고난 성품이 높고 맑아서 당시의 말세적인 분위기와 부합할 수 없었고, 또 조용하고 한적한 것을 좋아하는 성품이 서울의 어지럽고 화려한 분위기와 맞지 않았기 때문이다.

용담은 산수가 아름다워 임흘의 고상한 뜻과 부합되었기 때문에 용담이라고 호를 지었다. 이때부터 이곳에서 자적하면서, 영주의 소고(嘯皐) 박승임(朴承任)을 찾아가 공부를 하였다. 소고는 퇴계의 고제이므로, 임흘은 퇴계의 재전제자(再傳弟子)가 되는 셈이다. 그러나 당시 소고는 벼슬에 나가 있었기 때문에 직접 배운 기간은 많지 않았다.

꿈속에도 잊지 못하는 스승에 대한 그리움을 「몽매기(夢寐記)」한 수로 적어 보냈다.

春風座下又春風	스승님의 곁에는 봄바람이 감도니
何日薰香靜室中	어느 날에나 그 훈향을 쐬일런지
耿耿此心歸未得	그립고 그리운 이 마음 의지할 곳 없어
夜來惟幸夢周公	밤이면 오직 주공을 꿈꾸길 바라네

이 시를 받은 소고가 화답시를 보내왔다.

山齋旣月共松風	산재에 달이 뜨고 솔바람 이니
何意動叨夢寐中	다시 꿈속에 만날 줄 생각이나 했으랴
所愧枉勤懸相念	부끄럽구나! 부지런히 찾아주고 늘 생각해 주나
貧無寸錦乞江公	가난하여 그대에게 줄 한 치의 비단도 없는데

그는 1586년 스승인 소고가 죽자 제문을 지어 조상하고 행장을 찬술하였다.

그 뒤 다시 한강(寒岡) 정구(鄭逑)의 문하에 나아가 도의를 강마하였다. 특히 예학(禮學)에 몰두하였다.

뒷날 그의 예학은 사계(沙溪) 예학과 쌍벽을 이루었다. 임흘은 방대한 『가례부해(家禮附解)』를 저술하였다. 한강이 준 글에는 "그대는 도학에 침잠하여 날로 깊은 맛이 있으니 내가 매우 부러워하는 바이다."라고 하였고, 또 "나는 그대와 같이 예를 좋아하는 사람과 늘 더불어 상량하지 못함이 애석하다."고 하였다.

그리고 당대의 큰 선비인 김성일(金誠一), 정탁(鄭琢), 정경세(鄭經世) 등과 교분이 두터웠다. 그러나 임진년 왜란이 일어나자 임흘은 붓을 들었던 손에 칼을 들게 되었다. 이에 대해서는 다음 장에서 살펴보기로 한다. 임흘은 만년에 용담에서 예안(현 도산) 온혜로 이거하였다. 그곳은 온계(溫溪) 이해(李瀣)와 퇴계의 고향으로 고가의 유풍이 여전히 남아 있던 곳이기에 진실로 택리(擇里)하는 자가 처할 만한 곳이었다. 온혜에서 동북쪽 20리에 나부촌(羅浮村)이라는 마을이 있다. 청량산 밖으로는 낙동강이 산을 감싸 흘러내리고 눈앞에 12봉이 솟아있어 경관이 극히 아름다웠다. 그는 이곳에서 유유자적하며 세상을 마칠 계획을 세웠다.

그가 이곳에 터를 잡고 난 후 기쁜 마음을 시로 지었다.

蓬萊山一朶	신선산인 봉래산 한 봉우리가
再浮今薄此	다시 떠서 이곳에 이르렀구나
自是神仙境	예로부터 신선이 사는 곳이니
江山如畵裡	강산은 마치 그림속과 같네
龍潭散髮人	용담가에 살던 산발한 사람이

來棲心獨喜	이곳에 사니 마음은 즐겁구나
掉臂謝塵囂	속세의 시끄러움 떨쳐버리고
從遊赤松子	적송자처럼 이곳에서 놀리라

그는 이곳에서 정사 몇 칸을 짓고 주변의 28경을 시로 노래하였다. 또한 옛날에 살던 내성 용담의 승경도 시로 노래하였다. 그는 임진왜란에 의병 활동을 한 공으로 선조 말년에 전생서 참봉(典牲署 參奉)에 제수되자 상경하여 당시 한창 격렬해진 동서붕당의 문제점과 권귀(權貴)들의 전횡을 비판하는 상소를 올리고 사직한 뒤 낙향하였다. 광해군 초년에는 동몽교관에 임명되었으나 끝내 나가지 않았으니, 이는 이이첨이 용사하여 폐모의 변고가 일어날 것을 예측했기 때문이다. 그 뒤 임흘은 현실을 더욱 멀리하고 오직 학문에만 몰두하였다. 이즈음 퇴계의 급문제현이 거의 다 세상을 떠났고 오직 월천 조목만이 노년을 보내고 있었다. 만년에 임흘은 조목에게 예경(禮敬)을 다하여 사사함으로써 퇴계를 사숙(私淑)하고자 했으며, 조목 사후에는 두문불출하며 독서로 소일하다가 1620년 향년 64세로 세상을 떠났다.

임흘과 임진왜란

1592년 7월 9일, 임흘은 유종개(柳宗介)와 창의할 것을 도모하고 인근지역에 통문을 보내 백여 명의 의병을 모집하였는데, 유종개를 대장으로 임흘은 부장으로 추대되었다. 임진왜란이 일어나고 왜군은 이 지역까지 진격하였다. 이에 부장으로 임명되자 임흘은 진중약속(陣中約束)16조목과 군령(軍令) 7조목을 만들어 의병을 엄격하게 통제하였다. 이때의 상황을 『용사일기(龍蛇日記)』와 『경북의병사』에 기록하고 있는데 봉화군 춘양면 소천에 진을 친 유종개 부대 의병 활동을 정리하면 다음과 같다.

주요 간선 도로를 따라 서울에까지 일거에 다다랐던 왜적은 다시 각지로 분산되어 나갔다. 이러한 과정에서 적장 모리길성(毛利吉成)과 추월종장(秋月種長) 등이 거느린 약 3,000여 명의 왜적은 강원도 강릉, 삼척 등지를 거쳐 다시 군사를 나누어 한 부대는 평해를 거쳐 경상도로 향하였다. 이들 왜적은 소천, 재산을 향하여 돌진하였다.

여기에 일찍이 창의하여 수백 명의 향병을 얻어 결진하고 있던 의병장 유종개는 소천을 거쳐 재산으로 가려는 적

을 막으려고 하였다. 이에 안집사 김륵(金玏)은 일부병력을 보내어 의병장 유종개를 응원하였으며, 장서인 윤흠신(尹欽信)과 흠도(欽道) 형제는 유종개의 막하에서 종군하면서 적을 물리치기로 하였다. 이때에 모든 정보를 종합하여 본 즉 일본군의 주력은 강원도 울진 방면에서 서쪽으로 태백산의 준령을 넘어 경상도로 들어오려는 듯하였다. 그리하여 먼저 전력으로 이 적을 막아내기로 하고 봉화현 동부지구의 삼림지대를 이용하여 잠복하였다가 급습키로 하였다. 그러나 유종개의 척후병과 보초들의 잘못으로 아군의 위치를 폭로하여 버렸으므로 적은 이들의 위치를 피한 다음 직접 본군을 향하여 기습하게 되었다. 유종개 군은 힘껏 싸웠으나 적의 군사는 증가되기만 하고 아군에는 증원이 없었으므로 주장 유종개 이하 윤 씨 형제 등이 모두 장렬하게 전사하였다. 적은 이 길로 예안현을 침략하고 다시 남쪽으로 내려가니 이적에 대해서는 토포사(討捕使)에 배임된 영해부사 한효순(韓孝純)은 장기현감 이수일(李守一)과 같이 험산 산지를 지키면서 마침내 적을 격퇴하였다.

다음은 행장을 통해 본 임흘의 의병 활동이다.

유종개에 협력하여 춘양에서 기병하여 수일 만에 수백 명의 의병을 모집하여 이른바 '내성병(乃城兵)'을 규합하였다. 그 뒤 숨어 지내던 사람들이 스스로 합세함으로써 향병의 수가 점점 늘어갔다. 마침내 유종개와 형제의 맹약을 맺고, 유종개를 대장으로 하고 그는 부장이 되었다. 임흘은 날이 갈수록 군졸의 수가 점점 많아지고 아울러 훈련을 강화하였다. 그는 적병이 관동에서 곧장 소천을 향하고 있다는 소식을 듣고, 인근 관아에 통문을 돌리는 한편 안집사, 절도사에게 급보를 보내어 인근 고을의 정병을 차출하여 향병과 함께 적의 침공을 방비하자고 청하였다. 그는 7월 26일 군졸을 이끌고 노루재에서 군을 양쪽으로 나누어 살부령에 매복시켜 적을 기습하여 사로잡거나 목 벤 것이 많았고 2개의 적기와 약간의 우마를 탈취하는 전과를 올렸다. 29일에는 적이 수를 증가하여 공격해온다는 정보를 입수하였고, 다음날 새벽 정병 30여 명을 선봉으로 삼고 또 정병 50여 명을 후군으로 삼아 소라 물라로 진입하여 왜적과 전투를 벌였으나 왜군의 수가 많아 고전하였다. 이에 그는 지원병을 요청하였으나 신속한 지원병은 오지 않았다. 그러자 대장이 이르기를 "원병이 오지 않고 적의 기세가 매우 날

래니 대적할 수 없다. 그러나 몸을 이미 나라에 허락하였으니 한 번 죽음이 뭐 아깝겠는가!" 하고 바로 살부령을 향해 진격하였다. 그러나 살부령에 당도하기 전에 선봉이 갑자기 적과 마주치게 되었다. 함성을 지르며 활을 쏘아 두 놈의 적을 맞추어 즉사시키자 적이 빠르게 군사를 퇴각시켰다. 이에 아군이 승세를 타고 추격하였다. 그러나 적은 실제로 퇴병한 것이 아니었다. 남몰래 수풀 사이에 복병을 매복하였다가 아군이 지나가기를 기다렸다가 일시에 습격하려는 기만전술을 썼던 것이다. 적들은 한쪽으로는 선봉을 추격하고 다른 한쪽으로는 대장과 부장을 포위하였다. 군사들은 흩어지고 대장 유종개, 유흠신·흠도, 김인상, 권경 등이 마침내 전사하였다. 임흘과 김중청은 간신히 몸을 빼내 다시 흩어진 군졸을 모아 적을 치려고 계획하였다.

이때 전 검열 김용(金涌)이 병졸 백여 명을 거두어 왔고, 용의 아들 철(澈)이 승병 50여 명을 거두어 와서 합세하였다. 임흘이 대장이 되고, 김용이 좌부장, 이화가 우부장이 되었다. 그리고는 근시재(近始齋) 김해(金垓)의 의진으로 합류하였다. 이듬해인 1593년에 김해가 경주의 진중에서 몰하게 되자 군영에서 임흘을 안동열읍향병대장으로 추대하였다. 그 뒤 임흘은 의병을 이끌고 다시 망우당 곽재우 장군의 진영과 합류하여 문경전투와 당교전투에 참여하여 전공을 세우게 된다. 그러나 얼마 되지 않아 임흘은 부친상을 당하여 귀향하게 되었으므로 끝내 더 이상의 전과를 올릴 수 없었다.

임흘의 학문과 저술

임흘의 저술은 매우 많았다고 전해지나 임진란을 겪으면서 태반을 잃어버렸고, 또 몇 차례에 걸친 집안의 화재로 남아 있던 것마저 거의 잃어버렸다. 『임란일기』 4권이 있었으나, 잃어버렸고, 충신과 효자의 행실을 기록한 『금관록(金管錄)』을 엮었다고 하나 이 또한 전하지 않는다.

임흘은 잡영류의 작품을 많이 지었다. 「용담잡영 41절」, 「용담십경」, 「나부잡영 28수」, 「한거 20영」 등에서 보듯이 그의 작품에는 초연히 물표를 벗어난 처사의 고상한 운치가 잘 드러나 있다. 후반부는 탈락되어 정확한 수는 알 수 없으나 170 여자의 벽자, 첩어에 대해 음과 훈을 풀이해 놓았다. 벽자에 대한 음은 반절(反切)을 사용하였으며, 첩어의 음과 훈은 각종 경전과 제자백가서를 인용하였다.

이 글을 지은 경위에 대해서는 다른 기록이 없으나 이것은 옥편류의 사서를 편찬하려다가 미완에 그쳤거나, 어려운 한자나 단어에 대한 참고자료나 후학들의 독서에 편의를 제공하기 위해서였다고 볼 수 있다.

임흘은 한강 예학을 전수받은 적전(嫡傳)이다. 한강 정구는 임흘에 대한 허여가 남달라 자신이 편찬한 『함주지(咸州志)』의 발문을 짓게 할 정도였다. 임흘은 나부에서의 은거 이후 학문 생활은 주로 예학에 관한 것이었다. 『가례부해』 4책은 앞에서도 언급했듯이 당시 예학의 결정판이라 해도 과언은 아니다. 이 책의 문헌적 가치는 18세기 예학 시대를 여는 선하로서 종래의 가례설을 집대성하였다는 점과 임진왜란과 같은 국난을 당하여 사회적 규범이 파탄을 이룰 때 가치관의 확립과 그리고 중국 예학을 탈피하여 조선 예학의 이론적인 체계를 확립하였다는 점 등이 용담 예학의 커다란 가치라고 할 수 있다. 이로부터 『사례집요(四禮輯要)』, 『사례찬요(四禮纂要)』 같은 예설서가 수 없이 나왔으나 『가례부해』와 같은 종합적이고 체계적인 수준을 넘기 어려웠다. 그리고 이 책의 가치를 한결 돋보이게 하는 것은 수십 매에 달하는 「도해(圖解)」이다. 「도해」는 우리나라 성리학에 있어서 필수적인 교육방법이었으며 특색이기도 하였다.

* 이 글은 임대식 전 성균관청년유도회 중앙회장이 제공함.

15
안동의 길(스토리텔링)

한보울길(한국의 보물이 울창한 길(시청~용수사, 시청~원촌, 시청~청량산))

한보울길을 따라 한국을 관통하는 정신문화가 배태(胚胎)되었으니, 이 길의 발길 닿는 곳마다 백세의 사표를 길러낸 향교와 서당 서원은 문자향으로 가득하고 오래된 고택은 유가의 종지를 간직한 채 불천위 등 이곳만의 고유한 종가문화를 맥맥히 이어가고 있다. 돌아보면 명승 아닌 곳이 없고 살펴보면 발 딛는 곳마다 선현의 유허가 찬란히 빛이 난다. 특히 최근에는 이곳에서 생산되고 만개한 정신문화가 안동학으로 정립되어 인류사에도 큰 반향을 일으키고 있으며 한국국학진흥원과 선비문화수련원을 중심으로 현대정신과의 접목을 통한 안동 정신의 외부 송출이 활발하게 이뤄지고 있다.

도산구곡길(안동시청~청량산)

도산구곡길은 은일의 땅이다. 현자가 도학으로 한세상을 풍미하기에 이보다 좋은 곳이 없다. 농암의 가사문학, 고조리서 수운잡방, 퇴계의 주요 저작과 조선 주자학의 완성은 이 길이 낳은 위대한 창작물이다. 지성사에 빛나는 율곡과 퇴계, 고봉과 퇴계의 역사적 만남 또한 이 길을 통해서 이뤄졌다. 이곳의 산세야말로 인물을 만들고 천하의 인재를 모여들게 하는데 준산의 위용 대신 고르게 펼쳐진 품은 강단은 나라가 위급할 때 기꺼이 목숨을 바친 이곳 선비의 당찬 기개를 닮았다. 강 또한 이 길을 지나고서야 비로소 강다운 강이 된다. 삼남을 굽이도는 낙동강을 바라보면 아득하면서도 무량하지가 않다. 무량하여 속절없이 흩어지는 것이 아니라 곡마다 한 움큼씩의 사연을 만든 뒤에야 유장하게 흘러간다. 한적하되 스산하지 않고 고요하되 무료하지 않으니 강마저 도를 이루었다.

퇴계오솔길(가송리~가송협곡~고산정~농암종택~단사협~단사마을~원천~토계~도산서원)

하늘과 땅이 비경을 감추고 있다가 퇴계와 농암 선생에게 이르러서야 비로소 풍광을 허락했다고 할 만큼 퇴계오솔길은 이 두 사람을 빼놓고는 설명이 되지 않는다. 퇴계는 이 길을 걸으면서 그림 속으로 들어간다고 했고 농암은 이곳의 자라바위에서 퇴계와 선비 최고의 풍류인 유상곡수연을 하기도 했다. 34년이라는 나이 차이가 나지만 이 길을 통한 두 사람 간의 교류는 실로 우리나라 국문학사와 사상사에 일대 획을 긋는 찬란한 금자탑을 쌓았으니 그저 신묘할 따름이다.

군자로(오천군자리~청량산)

길이란 누군가 먼저 걸어간 사람이 있어야 뒷사람의 이정표가 된다. 35번 국도를 따라 펼쳐진 군자로는 이 땅의 수많은 선현이 배움과 도학 연마를 위해 걸어갔던 사색의 길이요 문학의 길이며 철인의 길이고 군자의 길이다. 그 길에서 때론 이룩한 바를 나아가 펼치기도 하고 뜻이 꺾이면 산림으로 물러나 자신이 지키고자 한 바를 보듬어나갔다. 이 과정에서 당대를 대표하는 시인묵객이 주고받은 시문과 기인 달사의 교외별전 또한 목릉성세의 사림문화의 전성기를 구가하는 밑거름이 되었다. 오늘날의 안동이 지정받은 대부분의 서지를 통한 국가지정문화재는 이때의 일들에 관한 기록이다. 군자로는 그야말로 살아 숨 쉬는 한국의 이야기 보물창고. 이곳의 무궁무진한 문화콘텐츠는 지금도 부지런히 사람을 불러들이는 힘의 원천이지만 가공 여하에 따라서는 미래 안동을 적어도 100년은 먹여 살릴 성장 동력이다.

자전거길(오천군자리~한국국학진흥원~예안향교~산림박물관~퇴계종택~육사문학관)

총길이 70km 자전거 길에는 자연이 빚은 수려함과 인간이 이룩한 위대한 흔적들이 조화롭게 펼쳐져 있다. 이곳의 산하는 온몸으로 합일하기에도 그만이지만 사물 하나하나를 완상하며 눈으로 가슴으로 담기에도 최적의 코스다. 그 옛날부터 대하의 강물로 융융하게 흘러가는 낙동강을 따라 현대와 오래된 것들이 적당한 간격으로 자리 잡은 오천군자리, 한국국학진흥원, 예안향교, 산림박물관, 노송정종가, 선비문화수련원, 농암종택, 육사문학관을 돌아보는 즐거움이 적지 않다. 특히 35번 국도를 따라 길게 펼쳐진 이곳 수림의 다정함은 자전거를 타고 달리다 보면 콧노래가 절로 나올 만하다. 길목마다 몇백 년도 훨씬 넘은 고택의 맥동하는 역사를 직시하고 이 땅에서 의롭게 살다간 이들의 찬연한 숨결을 만끽할 수 있음은 이 길이 주는 축복이 아닐 수 없다.

마의태자길(용수사~도산온천~수운정)

이곳은 신라가 망하자 태자였던 김일이 고려로의 귀부를 거부하는 세력을 이끌고 끝까지 신라 부흥을 일으켰던 흔적이 용두산과 태자산 일대에 지명유래와 전설로 남아 있다. 신라의 남쪽을 뜻하는 신남리와 신라재, 태사사지 귀부 및 이수, 마의태자가 매일 올라가 망국의 신라 땅을 바라보았다는 용두산 중턱의 마의대, 마의태자의 한을 담고 있다는 달래재길, 나라를 다시 세우겠다며 군사를 훈련시켰다는 건지산과 투구봉은 영욕을 역사를 바라보는 이들의 마음을 뭉클하게 하고도 남음이 있다.

역동길(왕모산성입구~번남고택~역동서원~선착장~월천서당)

역동길에 강물은 적벽가를 부를 만큼 융융하게 흘러간다. 한쪽은 퇴계학단의 거목인 조목을 낳은 다래에 월천서당이 있고 강 건너에는 자랑스러운 부포를 만든 봉화금씨의 성제종택과 진성이씨의 번남고택이 있다. 특히 부포에는 우리나라 이학의 조종인 우탁의 역동서원과 기름진 들과 더불어 천년세월을 견딘 부라원루가 있으며 그 앞 강변의 솔숲 '사평송'또한 마을의 풍취를 더하고 있어 오가는 이들의 쉼터가 되고 있다.

단사곡(돌다리~ 왕모산성입구)

도산구곡의 제7곡인 단사곡은 산태극 물태극이다. 청량산에서 흘러온 물은 산을 넘지 못해 왕모산성을 휘돌아나가고 산은 물을 침범 못 해 내살미와 백운지라는 한 폭의 그림 같은 강 풍경을 만들어냈다. 바로 가까이에 청량산이 있고 산 위로 눈을 돌리면 육사가 '절정'의 시상을 다듬던 칼선대와 퇴계 선생 시절부터 철쭉 피는 봄날에 열렸던 문학 토론장 월란정사가 있는 왕모산성과 마주하며 걸을 수 있다.

서도길(수운정~건지산)

　수운정은 이숙량(1519~1592), 오수영(1521~1604)과 더불어 선성삼필(宣城三筆)로 이름이 높았던 매헌 금보(1521~1584)의 정자이고 건지산에는 이숙량과 오수영이 학문하던 거처가 있었다. 퇴계의 문하생인 이들은 수운정과 건지산을 오가며 서도를 익혔는데 일생 문자 향을 피우고 글씨를 통해 성학을 이루는 길에 매진했다. 도산 서부리의 선성아문은 이숙량의 글씨고 퇴계 묘비는 금보의 글씨인데 한 스승 아래 벗이 모두 명필인 예는 고금에도 드문 일이어서 칭송이 자자했다.

육사로(도산서원~이육사문학관~청량산 조망대)

　이육사가 태어난 원촌은 남향 터에 마을 뒤로는 산이 병풍처럼 둘러싸고 있으며 앞으로는 멀리 내다볼 수 있는 기름진 들판과 그 너머로 느리지도 급하지 않은 강물이 흘러가는 전형적인 배산임수의 명당이다. 궁벽한 산촌마을이지만 이런 사색의 땅엔 필연적으로 인물이 나기 마련이어서 수몰 전 원촌에는 참판 댁, 대감 댁, 진사 댁, 상주 댁, 아산 댁, 너다래 댁, 언양 댁, 병성 댁, 서울 댁, 영혜 댁이 있었다. 하지만 현재는 육사 따님인 이옥비 여사가 살고 있는 목재 고택을 비롯한 네 채만 남아 있으며 마을 입구에는 원촌이 배출한 대표적 인물 이육사를 기념하는 문학관이 세워져 있다.

하계 가는 길(건지산~퇴계 묘소-수졸당(하계)-도산온천)

노송정이 15세기에 온혜에 입향한 후 손자인 퇴계가 16세기에 상계를 개척했다면 17세기에는 퇴계의 손자인 동암 이영도가 하계시대를 열어갔다. 퇴계 묘소가 있는 하계는 조선 중기에 마을을 개척하고도 15명의 문과 급제자를 배출한 데 따른 자부심이 대단했다. 안동댐이 건설되기 전 하계에는 향산 댁, 계남 댁, 정언 댁, 삼산 댁, 곡목 댁, 춘양 댁, 초밭 댁 등 고택이 즐비했지만 지금은 수졸당, 초산 댁, 법전 댁 새 영감 댁만 남아 있다. 하계가 근세사에 다시 한번 역사에 이름을 올린 것은 3대가 독립에 헌신한 향산 이만도 가문을 비롯한 하계의 수많은 지식인들이 나라의 독립을 위해 목숨을 바치는 귀감이 되면서다. 이들의 귀한 흔적은 마을 초입에 하계마을독립운동기적비로 우뚝 세워져 있다.

농암길(청량산 조망대~농암종택~고산정~돌다리)

올미재는 그야말로 안동 최고의 풍광을 자랑하는 곳이다. 이곳을 한 번이라도 와본 사람은 고산정과 농암종택과 월명담을 전국 최고의 정자와 종택과 소로 손꼽는 데 주저하지 않는다. 퇴계는 달빛 쏟아지는 월명담을 비가 오게 하는 연못으로 여겼다. 월명담을 지나 청량산 쪽으로 조금 더 올라가면 우리나라에서 가장 아름답다는 고산정이 나온다. 그리고 그 주위에는 가송리 주민들이 매년 정월 대보름 때 동제를 지내는 공민왕과 노국공주를 모신 당이 있다.

도산 가는 길(송곡고택~도산온천)

이 길이 시작되는 서부리는 현재 3대문화권 사업의 일환으로 이야기가 있는 마을로 꾸며지고 있다. 옛것을 대표해서 송곡고택과 선성아문, 호계서원과 예안향교가 있으며 한국국학진흥원은 목판을 수집 보존하고 국역을 통해 안동 정신을 외부로 송출하는 총 본산 역할을 하고 있다. 이 길의 35번 국도를 따라 도산으로 올라가는 길목에는 산림박물관이 있다. 도산에 당도해서는 노송정 종가를 중심으로 그 우측편에는 퇴계가 최초로 지은 수곡암과 온계 이해의 종택과 송재 이우의 신도비가 줄지어 있으며 그 반대편에 도산온천이 있다.

도산서원 가는 길(오천유원지~송곡고택~도산서원 입구)

이 길은 한국 정신문화의 1번지로 가는 직행코스인데 외내~다래~부내를 거쳐 도산서원으로 갔다. 도산구곡의 시발점인 운암곡이 있는 외내에서 7군자가 탄생하고 후조당, 탁청정, 읍청정, 양정당, 설원당, 근시재, 침략정, 개암정이 집성촌을 이루며 고건축의 보고가 되었다면 다래는 퇴계학단의 주축을 형성한 곳이다. 이곳에서 별자리를 관측한 선기옥형이 제작되고 거북선의 설계도는 류성룡을 통해 이순신에게 전달되어 왜란에서 나라를 구할 수 있었다. 부내는 호남가단이 송순에 의해 시작되어 송강 정철에 의해 꽃피웠 듯 농암에 의해 태동한 영남가단 또한 퇴계로 이어져 한국 문학사를 찬란하게 수놓은 일들은 세계 어디에 내놓아도 손색이 없을 만큼 강호문학의 원류가 되었다.

16

예안향교 · 안동향교

 향교는 조선 시대 지방교육기관으로 서울의 사학(四學)과 마찬가지로 성균관(成均館)의 하급 관학(官學)이다. 중국과 조선의 선철(先哲)이나 선현(先賢)을 제사한다. 경국대전에 따르면 부(府)·대도호부(大都護府)·목(牧) 각 90명, 도호부 70명, 군(郡) 50명, 현(縣) 30명으로 학생을 수용하게 하였다. 종6품 교수와, 정9품 훈도(訓導)를 두었다.

 향교는 정부가 5~7결(結) 상당의 학전(學田)을 지급해 비용에 충당하도록 하였다. 향교의 흥과 쇠는 해당 고을의 수령(守令) 인사에 반영되었다. 수령은 매달 관찰사에게 향교의 현황 등을 보고하였다. 하지만 임진왜란 병자호란 등 난국과 서원(書院)이 발흥하며 다소 부진한 모습을 보였다. 그러자 효종은 지방 유생이 향교의 향교안에 이름이 오르지 않으면 과거에 응시를 하지 못하도록 향교 부흥책을 쓰기도 했다. 1894년(고종 31년)을 마지막으로 과거제도가 없어지며 향교는 이름만 남아 문묘를 향사(享祀)하는 기능만 수행하였다. 이후 1900년, 향교재산관리규정에 의거 부윤과 군수 등이 향교의 재산 등을 관장하게 되었다.

 안동에도 도산과 송천에 향교가 하나씩 있다. 도산에 있는 향교는 예안향교로 경북 안동시 도산면 서부리에 위치해 있다. 1973년 8월 경상북도유형문화재 제28호로 지정되었고 관리

는 향교 측에서 전담한다. 예안은 이전에 예안현이라는 하나의 고을이었다. 1895년(고종 32년) 지방제도가 개정되며 안동부 예안군이 되었고 1914년 행정구역 개편에 따라 안동군에 편입되었다. 1995년 전국 행정구역 개편으로 안동시에 통합되었다.

예안향교가 정확히 언제 건립되었는지는 알 수 없다. 태조 이성계가 조선 건국 뒤 군과 현에 향교를 설치하라는 명을 내린 점으로 보아 건립 시기를 그즈음으로 추정할 뿐이다. 1601년(선조 34년)에 중수되고 1745년(영조 21년)에 크게 개수되었다.

향교는 대성전(大成殿), 명륜당(明倫堂), 전사청(典祀聽), 동·서재(齋), 고직사(庫直舍) 등으로 구성되어 있다. 대성전은 정면 3칸과 측면 3칸의 맞배지붕 건물로 공자를 위시했던 한국과 중국의 성현을 배향하고 있다. 명륜당은 정면 2칸과 측면 3칸의 팔작지붕 건물로 유학의 교육이 이뤄졌던 곳이다. 전사청은 정면 2칸과 측면 2칸의 규모, 동·서재는 모두 정면 3칸과 측면 2칸으로 맞배지붕 건물이다. 예안향교의 특징은 명륜당이다. 향교 대부분이 전당후묘(前堂後廟)에 따라 대성전과 명륜당을 나란히 배치하는데 예안향교는 명륜당이 왼쪽으로 살짝 비켜서 있다. 2월 춘추절(春秋節)과 8월 상정일(上丁日)에 제향(祭享)을 받들고 있다.

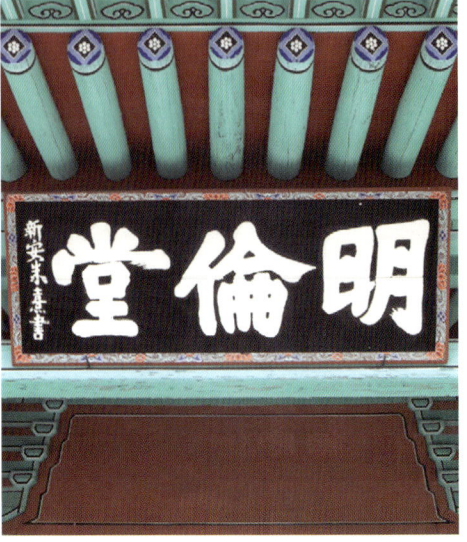

예안향교 외에 다른 향교는 안동향교로 경북 안동시 송천동 안동대학교 인근에 위치해 있다. 마찬가지로 안동향교도 뚜렷한 건립 시기가 남아 있지 않으며 1986년에 중건되었다. 다만 1362년(공민왕 11년) 춘정월조(春正月條)에 따르면 복주향교라는 기록이 있어 당시 이미 향교가 건립되었다고 추정할 수 있다. 1517년(중종 12년) 모재 김안국(慕齋 金安國)이 경상도 관찰사로 부임하며 소학(小學)을

강론하도록 권장하였는데 안동향교에도 그 시판(詩板)이 있다.

　현유(賢儒)를 배향하고 있는 안동향교는 애당초 대설향교(大設鄕校)로 성균관에 버금가는 규모로 지금 안동시청이 있는 명륜동에 있었다. 하지만 한국전쟁이 발발하며 향교가 전소되었고 1988년 현재 위치로 이전하고 복원하였다. 안동향교도 서원이 발흥하며 교육 기능을 잃은 것으로 추정된다. 복원된 향교는 명륜당과 대성전, 동·서재, 청아루, 주사로 구성되어있다. 대성전에 공자를 위시한 사성 십철(四聖十哲)과 공문72현(孔門七十二賢), 송조6현(宋朝六賢)을, 좌우 회랑인 동무와 서무에 동국18현(東國十八賢 이황, 김굉필, 설총, 최치원, 안향, 정몽주, 정여창, 조광조, 이언적, 김인후, 이이, 성혼, 김장생, 조헌, 김집, 송시열, 송준길, 박세채) 등 122위를 봉안하고 있다.

　현재 향교 대문 좌우에 있던 안동 석사자(安東石獅子)는 1985년 8월 경상북도문화재자료 제19호로 지정되었으며 안동대학교 박물관 앞에 소장되어 있다. 향교의 운영은 전교(典校) 1명과 장의(掌議) 등이 담당하고 있다.

17

윷놀이

윷은 주술이나 점술과 관련된 원시종교에서 시작되었으며 윷판의 형태는 달과 별의 운동을 해석한 고인류의 천문학적 지식의 보고며 암각화 윷판은 베링해를 넘어 전 아메리카 대륙에 퍼져나간 고대 한류의 상징이라는 연구가 뒤따르고 있다.

우리나라 윷놀이는 재료에 따라 쪽윷, 손윷, 장작윷, 밤윷, 콩윷이 있다. 그중 밤윷은 3cm 정도의 작은 윷을 그릇이나 손에 넣었다가 바닥에 던지는 것이다. 콩윷은 콩이나 팥의 절반을 쪼개서 놀던 놀이다. 방식에 있어서도 가락윷 종지윷으로 구별이 있으며, 자세윷 태극윷 등의

> 도촌마을 건궁윷놀이 모습

별종의 놀이가 있다. 또 변형으로 승경도 성불도 팔도유람도가 있다. 이외에도 현재 안동지역에 잘 보존되어 있는 건궁윷, 맹인윷의 특수한 윷놀이도 있다.

우리의 고대 전통 윷놀이는 알래스카에서 남미까지 전 아메리카 대륙의 인디언들에 의해서 '파치시나 파톨리' 등으로 불리는 변형된 윷놀이로 남아 있으며 파라과이와 볼리비아는 우리 윷과 같을 뿐만 아니라 이름조차 '윷'이라고 부르고 있다.

건궁윷놀이

안동 지역에서는 말판을 머릿속에 외우고 노는 건궁윷놀이가 잘 보존되어 있다. 공중에다 외치고 말의 위치를 옮긴다는 점 때문에 흔히 '공중윷'이라고도 한다. 29국(局)의 말판을 모두 외워야 윷놀이가 가능하다.

윷놀이의 방식은 먼저 편을 짜는데 '가사윷'과 '속윷'으로 나뉜다. 가사윷은 상대편과 한 명씩 번갈아 가며 윷을 던지는 반면 속윷은 한 팀의 구성원이 모두 윷을 던진 뒤 상대편이 던지는 방식이다. 참가 인원이 적으면 속윷을 즐기지만 사람이 많으면 통상 가사윷으로 논다.

건궁윷놀이에서 가장 좋은 수는 첫 판에 모를 던져 '앞'으로 간 다음 걸을 놓아 '방혀'에 들어가는 수다. 방혀는 '바로 들어간다'는 뜻으로, 이 경우 다음에 던질 윷이 '걸' 이상만 나오면 '참'으로 들어가 두 번 만에 득점이 가능하다.

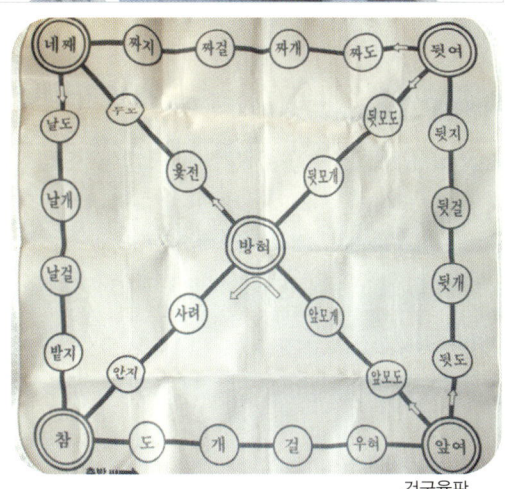

> 건궁윷판

18

동농 김가진과 죽천고택

　　동농 김가진(1846~1922)의 본관은 안동으로 대한제국 대신 가운데 유일하게 독립운동을 한 인물이다. 병자호란 때 강화도에서 순절한 김상용의 11대손으로 형조와 예조의 판서를 지낸 김응균의 아들이다. 부자가 모두 안동부사를 역임했는데 봉정사 입구 죽헌고택(안동시 서후면 태장죽헌길 24)은 동농이 안동부사 시절인 1886년에 지은 집을 그 시대의 부호이며 참봉인 죽헌 이현찬(1851~1915)이 인수하여 재사로 사용해 왔다. 동농은 판사 대신 주일공사(駐日公使)를 역임하고 갑오개혁 때 군국기무처회의원이 되어 내정개혁에 참여했다. 1904년 러일전쟁이 일어나자 외무대신, 법무대신, 중추원 부의장을 역임하였다. 독립협회 창설에 참여했고, 대한협회 회장으로 한일합방을 주장하는 일진회와 대립했다. 1919년 의친왕 망명 기도사건에 가담하였고, 자신 역시 대한민국임시정부에 참여하고자 상해로 탈출하여 망명했을 때 임시정부의 모든 요인들이 도열하며 그를 맞았다. 1922년 7월 4일 오후 10시 상해에서 77세를 일기로 동농이 눈을 감는 그 시기 며느리 정정화는 독립자

금을 모으려 국내에 잠입했다가 일제의 밀정에게 잡혀 '경성'으로 압송되고 있었다. 동농의 임종은 이동녕, 조소앙, 이필규 등 임정요인들이 지켰다. 부고 또한 박은식, 이동녕, 이시영, 홍진, 김인전, 김철 등 임정 요인 7인의 이름으로 나갔고, 만국공묘에서 엄수된 장례식에서 홍진 임정 주석이 인사말을 하고 이발과 안창호가 추도사를 올렸다. 동농의 아들 김의한과 며느리 정정화는 독립운동가로 추서되었다. 안동시 남선면 신석리 '덤산' 약수탕 우측 암벽에 동대(東臺)라고 새긴 그의 암각글씨가 남아 있다. 당대 명필이었던 동농은 봉정사 현판 덕휘루와 안동댐 민속촌 내 권두하효자비 글씨도 남겼다.

안동의 4대 사랑 이야기

안동역 연리지

안동역 연리지 사랑

"하늘을 나는 새면 비익조가 되고(在天願作比翼鳥)/ 땅에 나무로 나면 연리지가 되고(在地願爲連理枝)/ 천지 영원하다 해도 다 할 때가 있겠지만(天長地久有時盡)/ 이 슬픈 사랑의 한 끝일 때가 없으리(此恨綿綿無絶期)."

당나라 시인 백거이는 장한가에서 당나라 현종과 양귀비의 사랑 이야기를 이렇게 노래했는데 안동역에도 비익조와 연리지 같은 사랑 이야기가 전해 온다.

바로 가수 진성이 불러 크게 히트한 노래 안동역의 모티브가 된, 안동역 연리지 사랑은 안동 출신 작사가 김병걸이 노랫말을 지었다.

"바람에 날려버린 허무한 맹세였나/ 첫눈이 내리는 날 안동역 앞에서/ 만나자고 약속한 사람/ 새벽부터 오는 눈이 무릎까지 덮는데/ 안 오는 건지 못 오는 건지/ 오지 않는 사람아/ 안타까운 내 마음만 녹고 녹는다/ 기적소리 끊어진 밤에"

최근 이 노래가 국민가요가 되다시피 하는 바람에 덩달아 안동역 연리지 사랑 이야기도 다시 사람들의 관심을 끌고 있는데 소개하면 이렇다.

안동역 연리지 사랑은 광복 몇 해 전 겨울 어느 날 기차에서 내린 한 처녀가 정신을 잃고 쓰러진 것을 역무원이 발견하여 보살펴준 것이 인연이 되어 사랑이 시작된다. 두 사람은 오순도순 인연을 키워갔고 사랑의 증표로 안동역 광장 왼편 보물 제56호인 오층전탑과 당간지주 옆에 벚나무 두 그루를 심는다. 하지만 사랑도 잠시 독립운동으로 쫓기던 남자는 만주로 망명을 떠났고 여자는 그런 남자를 하염없이 벚나무 앞에서 기다린다.

남자가 여자를 찾아 나선 것은 6·25 전쟁 때였다. 인민군으로 내려온 남자는 여자를 잊지 못해 국군으로 전향하고 그 벚나무 앞에서 여자가 남자를 기다린 것처럼 매일을 기다린다. 남자가 여자를 재회한 것은 피난 갔던 여자가 돌아오면서다. 전쟁이 끝난 후, 처녀는 안동역 벚나무를 다시 찾아갔고 그 자리에서 기적처럼 서 있

단양 강선대 퇴계 두향 조형물

는 총각 역무원을 만난다. 두 사람은 간절히 원하던 것이 이뤄진 기적 앞에 그저 하염없이 눈물만 흘릴 뿐이었다. 쫓기는 남자를 위해 마냥 기도하던 처녀, 그런 처녀를 만나고자 무작정 돌아와 기다린 총각의 사랑 이야기는 이제 전설처럼 안동역 연리지 사랑 이야기로 남아 많은 이들에게 사랑이 간절한 기다림이라는 것을 말해주고 있다.

두향과 퇴계

선비와 기생(妓生) 간의 아름다운 사랑 이야기로 회자하는 것이 황진이와 서경덕, 홍랑과 최경창, 이매창과 유희경, 율곡과 유지, 두향과 이황이 있지만 어떤 것은 사실을 확인하기 힘든 애매한 것도 있다. 특히 두향과 이황의 사랑 이야기는 안동에서 최초로 뮤지컬이 창작되고 단양에서는 두 사람의 사랑을 주제로 한 상징물과 여행상품이 만들어지면서 사실로 굳어진 측면이 있다. 하지만 필자가 확인한 바로는 정비석의 소설에서 시작되어 최인호 소설 유림에서 이 사랑이 완성되었다는 것 뿐이다. 허나 그러면 어떠랴? 문화 콘텐츠든 현실적 사랑의 구원이든 시대와 사람이 원해서 이야기가 만들어지겠으나 그 바탕에는 진실의 깊은 함의가 숨겨져 있는 것일지도 모를 일이다.

퇴계는 48세가 되던 단양군수 시절 인생에 있어 가장 힘든 시기를 보냈다. 사랑하는 둘째 아들 채가 21살에 정혼 한 채 죽은 것이다. 그 슬픔을 퇴계는 단양의 산수와 두향에게 기댔었다. 두 사람은 단양팔경과 강선대를 오가며 시를 주고받고 거문고를 즐겼다. 하지만 그것도 잠시 단양 군수로 부임한 지 10개월 만에 퇴계는 단양을 떠나야만 할 일이 생겼다. 퇴계의 친형 온계 이해가 충청도 감사로 부임해 오자 친족이 같은 지역에 근무하지 못하는 상피제를 피하고자 그 날로 사표를 제출했다. 만난 지 10개월 만에 피치 못할 사정으로 풍기 군수로 떠나면서 퇴계는 두향으로부터 받은 청매(靑梅) 한 그루도 함께 가져갔다.

퇴계가 풍기군수로 떠나자 두향은 퇴계에 대한 예 차원에서 관기 생활을 정리한 후 평생을 수절하며 퇴계를 그리워했다. 퇴계는 70세 되던 해 겨울 가족들에게 매화 화분을 가리키며 "매형에게 물 잘 주라"는 말을 남기고 임종하였다. 퇴계의 임종 소식을 들은 두향은 퇴계와 함께 노닐던 강선대 아래 강물에 몸을 던져 유명을

달리했다. 현재 두향의 묘는 충주댐이 생기면서 물에 잠기게 되자 퇴계의 후손들이 두향의 묘를 단양팔경 중의 하나인 옥순봉 맞은편 제비봉 기슭에 이장하고 종손이 직접 두향지묘(杜香之墓)라는 묘비를 세우고 지금까지 제사를 지낸다고 한다.

김 씨 처녀와 허 도령

고려시대 허 도령은 재앙이 닥친 하회마을을 구하려면 석 달 안에 탈을 깎아 마을 사람들이 함께 춤을 춰야 한다는 계시를 받는다. 그때까지 그 누구도 탈 만드는 장면을 보아서는 안 된다는 조건이 붙었다. 허 도령이 마을을 구하고자 문 앞에 금줄을 치고 두문불출하며 탈을 깎기 시작하자 영문을 모르는 이웃집 김 씨 처녀의 애간장이 타들어 갔다. 연모하던 허 도령이 보이지 않자 김 씨 처녀는 매일 정화수를 떠놓고 허 도령을 보게 해 달라고 빌었다. 그러던 어느 날이었다. 허 도령이 3개월이 다 되어 마지막 탈을 깎을 무렵 참다못한 김 씨 처녀가 문구멍을 뚫어 허 도령을 훔쳐봤다. 그 순간, 마른번개가 치고 허 도령은 그 자리에서 피를 토하며 쓰러져 죽어버렸다. 혼절했다가 겨우 깨어난 김 씨 처녀는 허 도령이 만든 12개의 탈을 마을에 전달하여 재앙을 막고는 허 도령을 따라 절벽 아래 강물로 몸을 던져버렸다. 이후 하회마을 사람들은 성황신으로 의성 김 씨 처녀를 모신다.

원이 엄마와 이응태

1998년 4월. 안동시 정상동 택지조성 중에 '철성이씨(鐵城李氏)'라고 쓰인 붉은 비단에 먹글씨로 쓰인 명정이 나왔다. 편지의 주인공은 1586년 6월 1일, 31살의 나이에 어린 아들과 임신한 아내를 두고 병에 걸려 세상을 떠난 고성이씨 귀래정파 종갓집 둘째 아들 이응태의 무덤이었다. 시신은 미라 상태였고 망자 주변에서 아버지 이요신과 형 이몽태가 죽은 아들과 동생에게 보내는 만시를 비롯한 편지가 들어 있었다. 그중 단연 우리의 눈길을 끈 것은 부인 원이 엄마가 남편 이응태에게 보낸 편지였다. 부인은 아들 하나와 뱃속의 아기를 두고 떠나간 남편에 대한 절절한 이야기를 편지에 썼다. 시간이 흘러 대부분의 편지는 형태를 알아보기 힘들었지만 한글로 쓴 〈원이 엄마 편지〉는 남편 이응태의 시신처럼 보존이 잘 되어 있었다.

"당신 늘 나에게 말하기를 둘이 머리 희어지도록 살다가 함께 죽자고 하셨지요.

그런데 어찌 나를 두고 당신 먼저 가십니까?

나와 어린아이는 누구의 말을 듣고 어떻게 살라고 당신 먼저 가십니까?"

안동 아가페

이 무덤에서는 편지 외에도 망자의 머리맡에 한지로 곱게 싼 미투리 한 벌이 있었다. 병든 남편이 건강해져 이 미투리를 신게 되기를 바라는 심정으로 자신의 머리카락을 잘라 미투리를 삼았으나 남편은 끝내 미투리를 신어 보지도 못한 채 저승길을 간 것이다.

끝내 남편이 죽자 '원이 엄마'는 이 미투리를 남편과 함께 묻었다.

지금으로부터 432년 전 죽음조차 갈라놓을 수 없던 이응태 부부의 사랑 이야기는 이제 사랑의 전설이 되었다.

2005년 4월에는 '원이 엄마'의 조형물 '안동아가페상'이 안동시 정하동 대구지검 안동지청 앞에 세워지고, '제1회 안동아가페 가요페스티벌'을 열어 원이 엄마의 한을 달래 주었다.

그리고 안동댐 월영교에는 이응태 부부의 아름답고 숭고한 사랑을 기념하고자 다리에 미투리를 형상화해 두었는데 사랑하는 남녀가 달빛이 비치는 월영교를 건너면 백년해로한다는 이야기가 전해진다.

그리고 몇 해 전에는 원이 엄마의 편지를 소재로 무용극과 오페라가 공연되었고 소설 능소화가 출간되었다. 뮤지컬 원이 엄마는 10년째 해마다 공연되고 있다. 2017년에는 임세권 교수가 단행본 『원이 엄마』를 출간했다.

용산지-청량지-춘당집-매천문집

청량지

청량지는 퇴계의 8세손으로 우승지와 대사간, 대사헌을 역임한 조은 이세택이 중국 무이지(武夷志)의 분류방식을 모방해 1771년에 편찬한 책이지만 원본의 분실로 후대 후손이 보충한 필사본 5종이 전한다. 청량산의 자연환경, 문화유적, 관련 문학작품을 두루 포괄하고 있는데 산천-사암-산중고적-기제 네 항목으로 정리되어 있다. 특히 '기제'라는 항목에는 이황을 비롯한 여러 문인의 청량산 관련 시문을 시대순으로 실려 있다.

용산지

용산지는 용수사 주지의 요청으로 용두산과 용수사와 관련한 기록인데 이세택이 청량지를 편찬하고 4년 후(1775)에 그 경험을 살려 편찬한 친필 유일본이다. 조은 이세택은 퇴계 이황이 선배의 시문을 모은 '도산기'와 조부 이수연(1693~1748)이 편찬한 도산지의 도움을 받아 청량지와 용산지를 편찬했는데 오가산지에 영향을 주었다. 용산지라고 쓰인 표지를 제외하면 13장 26면인데 겉표지를 넘기면 광려지라는 책 이름이 나온다. 글씨체는 표지의 용산지를 제외하고는 모두 이세택의 친필이다.

춘당집

춘당 오수영의 어머니가 송재 이우의 딸이므로 퇴계는 그에게 외당숙이면서 학문의 스승이다. 4권 2책의 목활자본 춘당집은 그의 11대손 정락이 1838년(헌종 4) 편집, 간행했다. 서문은 없고, 권말에 허훈과 이만유 등의 발문 3편이 있다. 국립중앙도서관과 고려대학교 도서관에 있다.

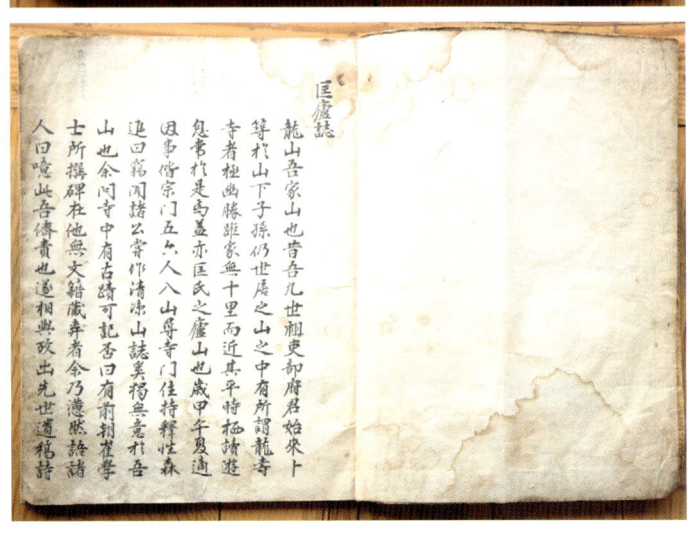

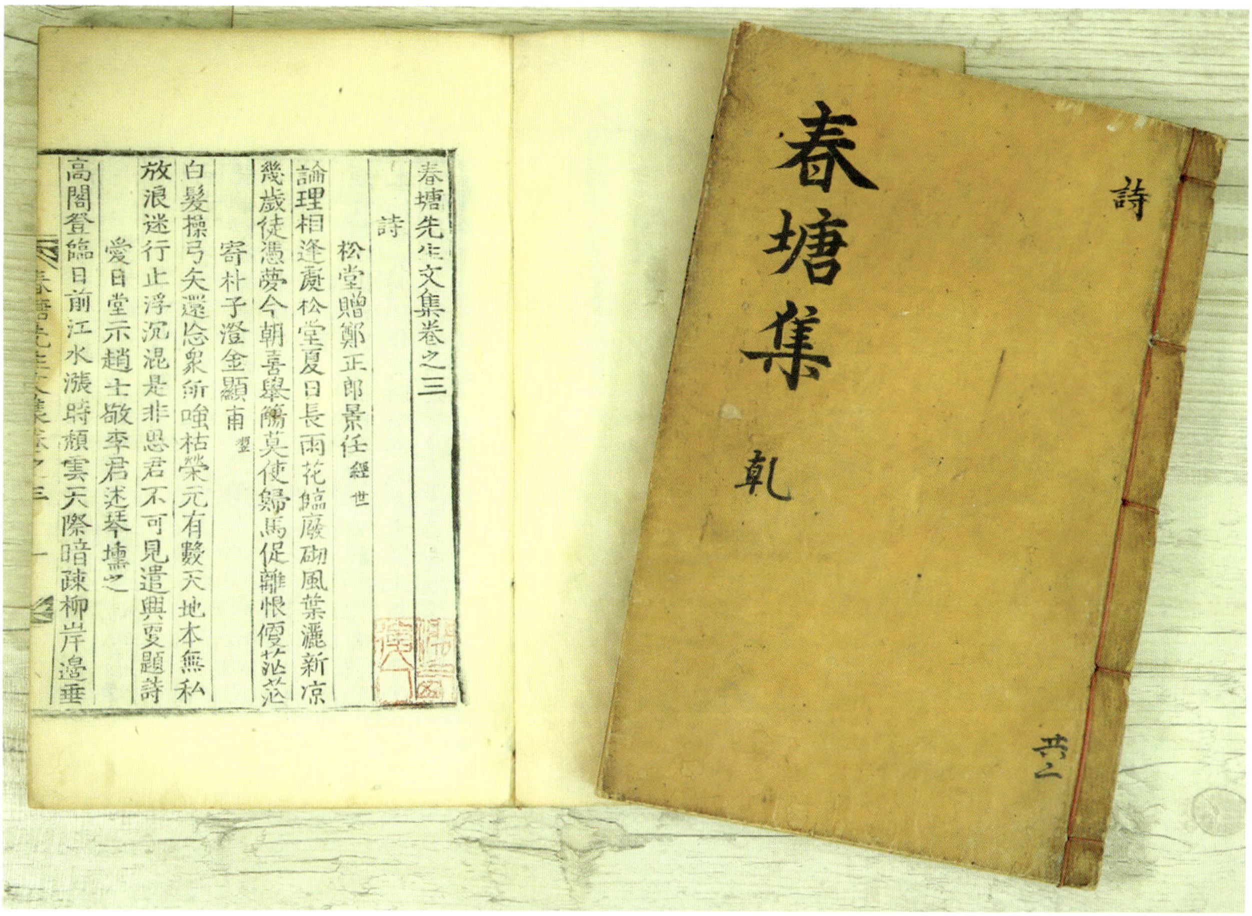

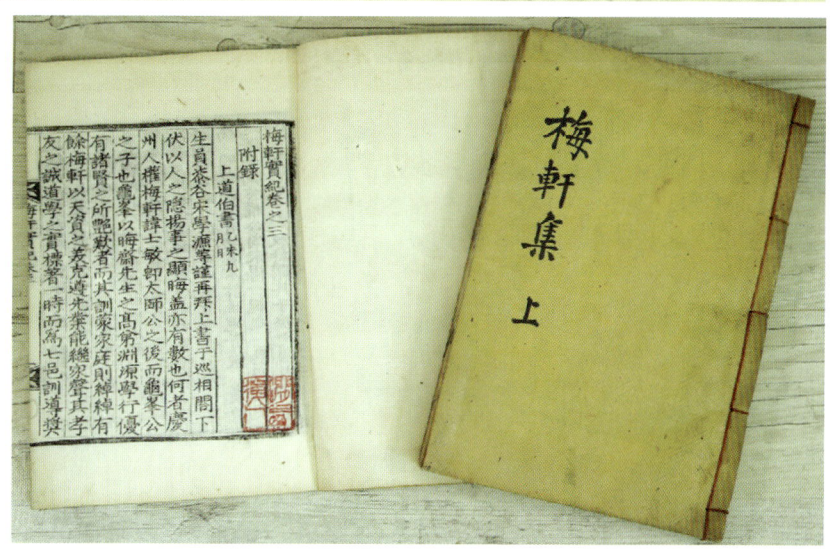

권1~3에 시 389수, 서(序) 3편, 지(識) 1편, 제문 3편, 권4에 퇴계선생 이력초기(退溪先生履歷草記), 부록으로 증시(贈詩) 3수, 서(書) 1편, 행장·묘갈명·가장(家狀) 각 1편이 실려 있다.

매헌문집

매헌금보는 이숙량 오수영과 더불어 선성3필로 유명하다. 퇴계 이황의 묘비 글씨도 매헌 금보가 쓴 것이다. 금보문집은 활자본 4권 2책인데 1913년에 후손 서술(書述)이 간행했다. 권1은 시(詩)·부(賦), 권2는 서(書)·제문(祭文)·갈문(碣文)·잡저(雜著), 권3은 사서질의(四書質疑), 권4는 부록으로서 사우기증(師友寄贈)·가장(家狀)·행장(行狀)·묘지명(墓誌銘)·묘갈명(墓碣銘) 등이 실려 있다.

21
농악과 안동제비원

우리 안동은 성주풀이의 본향이다. 어느 지역에서 성주풀이 노래를 하고 성주굿을 하던 본향이 안동이라는 것은 반드시 밝힌다. 풍물놀이와 굿의 제의가 합쳐진 농악도 마찬가지다. 지신밟기를 하면서 역시 안동이 본이라는 것을 밝히고 있다.

그러니까 이 말은 성주풀이와 성주굿 그리고 농악(농악 = 풍물 지신밟기)의 기원이 모두 안동제비원이라는 의미를 담고 있다.

안동대학교 임재해 교수의 안동문화와 성주신앙에 관한 논문발표와 (사)안동제비원민속문화재단(사무국장 권철환)이 주관하는 제비원문화축제가 그나마 안동이 성주풀이의 본향이라는 사실을 알리는 역할을 하고 있지만 이제는 이것을 발판삼아 전국 지향으로 나아가야 한다.

농악이든 성주굿이든 성주풀이 노래든 간에 어느 하나라도 우리 안동이 이 분야에서 지방이든 국가든 문화재로 지정된 사례가 없다는 것은 성주본향이라는 위상과는 전혀 어울리지 않은 모양새다.

우리나라에서 굿으로 국가무형문화재가 된 사람이 여럿이고 타 지역 6곳의 농악이 국가무형문화재로 지정된 현실을 직시할 필요가 있다.

전국 각지에 흩어져 있는 성주신앙의 실체를 확인하고 안동이 민속 문화의 보고며 성지라는 것을 다시 한 번 대내외에 확실하게 천명하는 문화적 확장을 서둘러야 할 때다.

현재 국가지정중요무형문화재 제11호로 지정된 지역별 농악(지신밟기)은 아래 6곳이다.

- 11-1호 진주삼천포농악(경상남도)
- 11-2호 평택농악(경기도)
- 11-3호 이리농악(전라북도)
- 11-4호 강릉농악(강원도)
- 11-5호 임실필봉농악(전라북도)
- 11-6호 구례잔수농악(전라북도)

농악은 이렇게 전국 6개 지역에서 국가중요무형문화재로 지정되었으며 그 외 지방문화재로는 김천(금릉) 빗내농악, 진안 중평농악, 남원농악, 곡성 죽동농악, 부산 아미농악, 대전 웃다리농악, 영광농악 등 많은 지방의 농악이 서사무가 풀이에서 대부분 우리 안동을 본향으로 삼고 있다.

22

묵계서원 연시례

보백당 김계행 서세 500주년이던 지난 2017년 묵계서원에서 연시례 재현 행사가 있었다. 연시례는 임금이 김계행에게 내린 시호 교지를 지역의 유림과 관원들이 축하하며 맞이하는 의식이다. 연시례 바탕은 2015년 보백당에서 나온 보백당 선생 연시시 일기(寶白堂 先生 延諡時 日記) 내용이다. 연시시 일기는 1868년 서원에서 봉행 되었으며 시호를 청하는 내용, 서원과 사당의 수리, 행사 전반에 대한 논의 내용 등 연시례의 과정이 상세히 기록되어 있다.

한편 묵계서원에서 약 900m 거리에 만휴정(晚休亭)이 자리하고 있다. 만휴정은 김계행이 만년을 보내려고 건립한 누각으로 정면 3칸과 측면 2칸으로 구성되어 있다. 정면은 풍경을 볼 수 있게 누마루로 개방하였고 양쪽으로 온돌방을 둬 학문을 닦는 공간으로 활용하였다.

1986년 12월 경상북도문화재자료 제173호로, 2011년 8월 국가지정문화재 명승 제82호로 지정되었다. 만휴정은 2018년 7월부터 9월까지 방영된 tvN 드라마 '미스터 션샤인' 촬영지로도 유명한데, 6회와 7회에서 주인공 유진(이병헌)이 애신(김태리)에게 고백한 장소로 나왔기 때문이다. 유진은 외나무다리 위에서 "합시다. 러브,

나랑, 나랑 같이"라고 말한 뒤 애신과 악수를 나눴다. 이 장면과 대사는 '미스터 션샤인' 최고의 대사로 꼽히며 이후 이곳을 찾는 연인들이 악수하는 사진을 찍는 건 필수 코스가 됐다. 만휴정이 드라마 촬영지로 알려진 뒤 안동시 등 관계기관은 이벤트를 열어 관광객의 발길을 끌기도 했다.

김계행은 1431년 안동에서 태어났다. 사료에 따르면 김계행은 5세부터 글공부를 시작했고 14세 때 향교에서 수업을 받기도 하였다. 15세에 한양 사부학당(四部學堂) 가운데 하나인 동학(東學)에 들어가 중용(中庸)과 대학(大學)을 배웠다. 1447년(세종 29년)에 진사가 되고 성균관에 입학하였다. 성주 등에서 사학(四學) 교수를 지내는 한편 1480년(성종 11년), 식년문과에 병과로 급제하였다. 김계행이 성균관에 있을 시절, 김종직과 학문적 교류를 활발히 하였다. 김계행이 40대에 접어들었을 때 김종직과 왕래하며 주역(周易)과 근사록(近思錄)을 직접 강론하기에 이르렀다.

김계행은 고령현감 등을 거쳐 삼사(三司)의 요직으로 나아갔다. 홍문관과 사간원 등에서 부제학, 대사간 등을 역임하고 승정원도승지, 성균관대사성 등 요직도 두루 섭렵하며 간쟁 업무에 힘쓴 것으로 전해진다. 김계행은 연산군 때 대사간에 있으며 척신들의 비위를 논박했지만 시정 가망이 없다고 깨달은 뒤 풍산(豊山)에 은거했다. 은거하던 중 거택 옆에 작은 정자를 짓고 보백당이라고 이름을 지었으며 학생들을 가르쳐 보백 선생으로 불렸다. 보백당은 김계행의 호다. 김계행은 한때 무오사화와 갑자사화에

연루, 투옥되기도 했지만 큰 화는 피했다. 70이 넘어서야 김계행은 만휴정을 짓고 노년을 보냈다.

명석한 자질과 굳은 의지에 힘입은 김계행은 늙어서도 경학(經學)을 게을리하지 않았다. 특히 성리(性理) 문제에 몰두하여 격물(格物), 치지(致知), 성의(誠意), 정심(正心)의 이치를 깊이 연구하였고, 91세가 되던 1521년(중종 16년)에 사망하였다. 시호는 정헌(定獻). 1859년(철종 10년)에 이조판서로 추증되었다.

23
선비문화수련원

퇴계종택

도산서원 선비문화수련원(이사장 김병일/원장 김종길)은 경북 안동시 도산면 토계리에 있는 전통문화 수련 시설로 도산서원의 부설기관이다. 퇴계종택과 불과 200m도 채 되지 않는 거리에 들어섰다. 이곳은 원사 두 개로 구성되어 있으며 강습실과 육예실 등 실내 교육 시설과 퇴계 명상길, 퇴계종택, 하계마을 등 실외 교육시설 탐방도 운영한다.

선비는 스스로 인격적 도덕성을 배양함과 동시에 사회적 실현을 수반한다. 선비의 공부는 이치 탐구라는 지적인 일과 행동으로 실천하는 행위적 일이 조화하여 이루어졌다. 이러한 자아를 실현하기 위해 관직에 나가야 했고 일찍부터 과거시험을 치르며 벼슬 기회를 찾았다. 어쩌면 선비가 관직에 나가는 것은 당연하지만 선비에게 있어 관직은 벼슬을 하는 게 목적이 아니라 어디까지나 자신의 뜻을 펼치고 실현하는 기회를 얻는 방편이었다. 관직에 나간 선비는 더 넓은 사회를 보게 되고 그러면서 자신의 의지와 신념을 더 굳건하게 다질 수 있게 된다. 위로 임금을 우러러보고 아래로 백성을 돌보아야 하는 중간 위치였던 것이다. 이치와 도리에 맞는지 강단 있게 자신의 학문적 신념을 굽히지 않는 등 뚜렷한 잣대로 사회를 둘러보았다. 흔히 '관직에서 물러나 낙향하였다'라는 말도 그 배경 등에 차이가 있지만 대개 충효와 애국, 선비의 신념에서 비롯된 것으로 볼 수 있다.

선비는 삼국시대부터 조선에 이르기까지 시대적 양상은 다소 차이가 있더라도 언제나 지도적 역할을 하는 지

성의 책임을 감당했다. 이는 개화 이후에도 시대적 이념 등을 수호하고 이끌어가는 주체로 그 역할과 책임 등이 크게 변하지 않았다. 일제강점기 때 의사(義士)와 열사(烈士) 모두 선비정신에서 비롯된 것이고 1970년대 중화학공업이 발달하던 시절 기술자 역할이 필요했던 것도 근원은 선비정신에 있었다. 선비는 현실적인 욕구에 매몰되지 않고 더 나은 가치를 추구하는 의식을 지니며 그 의지와 신념을 실천하는 데 꺾이지 않는 강인한 용기를 동반한다. 스스로 성찰하고 사회 구성원을 통합하고 조화하는 구심점 역할을 하였다. 이러한 선비상은 신분적 존재를 벗어난 인격적 모범으로 인간의 양심과 도덕성 등을 개인적으로 혹은 사회적으로 확립하게 하는 원천이 되었다.

선비문화수련원은 2001년 퇴계 이황 탄생 500주년 기념행사를 계기로 퇴계 이황의 후손들이 선비문화 보급 방안을 시작한 데서 비롯되었다. 당시 퇴계종택이 1억 원을 출연하였고 같은 해 11월 1일 도산서원 운영위원회는 교원, 공무원, 학부모, 대학생 등이 선비문화를 체험해 올바른 사회 윤리를 익히고 실천 주체를 양성할 목적으로 개설을 승인하였다. 착한 사람이 많아지는 세상을 소원하며 평생을 배려와 섬김, 청렴과 검소를 몸소 실천한 퇴계 이황의 선비정신을 계승하고 발전한다는 취지다.

2002년 경북도교육청의 특수 분야 연수기관으로, 2003년 사단법인 도산서원 선비문화수련원으로 승인받았다. 그 뒤 대구교대, 한국국학진흥원과 업무 협약을 체결하고 2006년부터 경상북도 공무원 전문 교육기관으로 승인받았다. 2008년부터 안동교육지원청과 업무 협약을 체결하여 오늘까지 이어오고 있다.

21세기에 접어들어 기업과 공공기관 등은 선비문화에 관심을 갖게 되었고 이들은 곧 선비문화수련원에 교육을 위탁해 임직원들로 하여금 선비정신과 공동체 의식, 팀워크 등을 배우게 하였다. 어느 한 기업은 신입사원 연수를 이곳에 전적으로 위탁하여 신입사원들이 연이어 이곳을 찾아 인문학적 소양을 닦기도 한다. 선비문화수련원은 선비 문화 체험 연수와 원보 발간, 사이버 선비문화교실 등을 운영하고 있다. 2002년부터 2017년까지 4,500여 기에 15만 명에 가까운 수련생이 다녀갔다. 기업인과 공무원 등을 제외하고 초등학생부터 대학생까지, 일반인과 주부들도 이곳에서 선비정신을 배워갔다.

이곳의 교육은 선비정신을 토대로 마음공부방법, 일상 모습 체험, 예절과 유학의 정신 등을 배우고 활인심방으로 퇴계 선생의 건강관리법도 익힌다. 선비문화수련원 근방의 도산서원과 퇴계종택, 한국국학진흥원 유교문화박물관과 이육사문학관 등은 직접 방문하여 내·외부를 관찰하며 선비정신이 무엇인지 직접 눈으로 보고 귀로 들으며 체험한다. 특히 퇴계종택에서 이루어지는 종손과의 대화는 오늘날의 선비 등을 주제로 묻고 답하는 등 교육으로 국가원로 등이 그 역할을 대신하기도 한다.

일련의 교육과정을 마친 수련생들은 일과가 끝나고 토론과 토의 등을 거쳐 자신의 소감을 발표하거나 포부 등을 밝히기도 한다.

24

안동팔경

안동에서 유명한 경치를 자랑하는 곳 여덟 곳을 꼽아 안동팔경이라고 부른다. 지역별로 명승지 여러 곳을 묶어 별도의 명칭을 붙이는 게 있는데 대구 십경 등이 있다. 안동팔경은 안동시 남후면 소재 고산서원에 소장된 이완규의 시에서 소개된다. 고산서원이 소장하고 있는 이완규의 와혈(窩穴)이라는 책에 수록된 '안동팔경가(安東八景歌)'라는 한시에서 비롯된다. 안동팔경가는 작자 미상으로 알려져 있지만 일설에 따르면 대산(大山) 이상정(李象靖) 선생이 지었다고도 한다. 고산서원은 1789년(정조 13년)에 이상정의 덕행과 학문을 추모하려 지역 사림(士林)이 건립했다. 안동팔경은 선어대, 귀래정, 서악사, 임청각, 학가산, 연미사, 도산서원, 하회마을로 장소에 따른 요소를 가미해 네 글자로 표현하는 게 일반적이다. 예를 들어 하회마을은 하회청풍(河回淸風) 등이다.

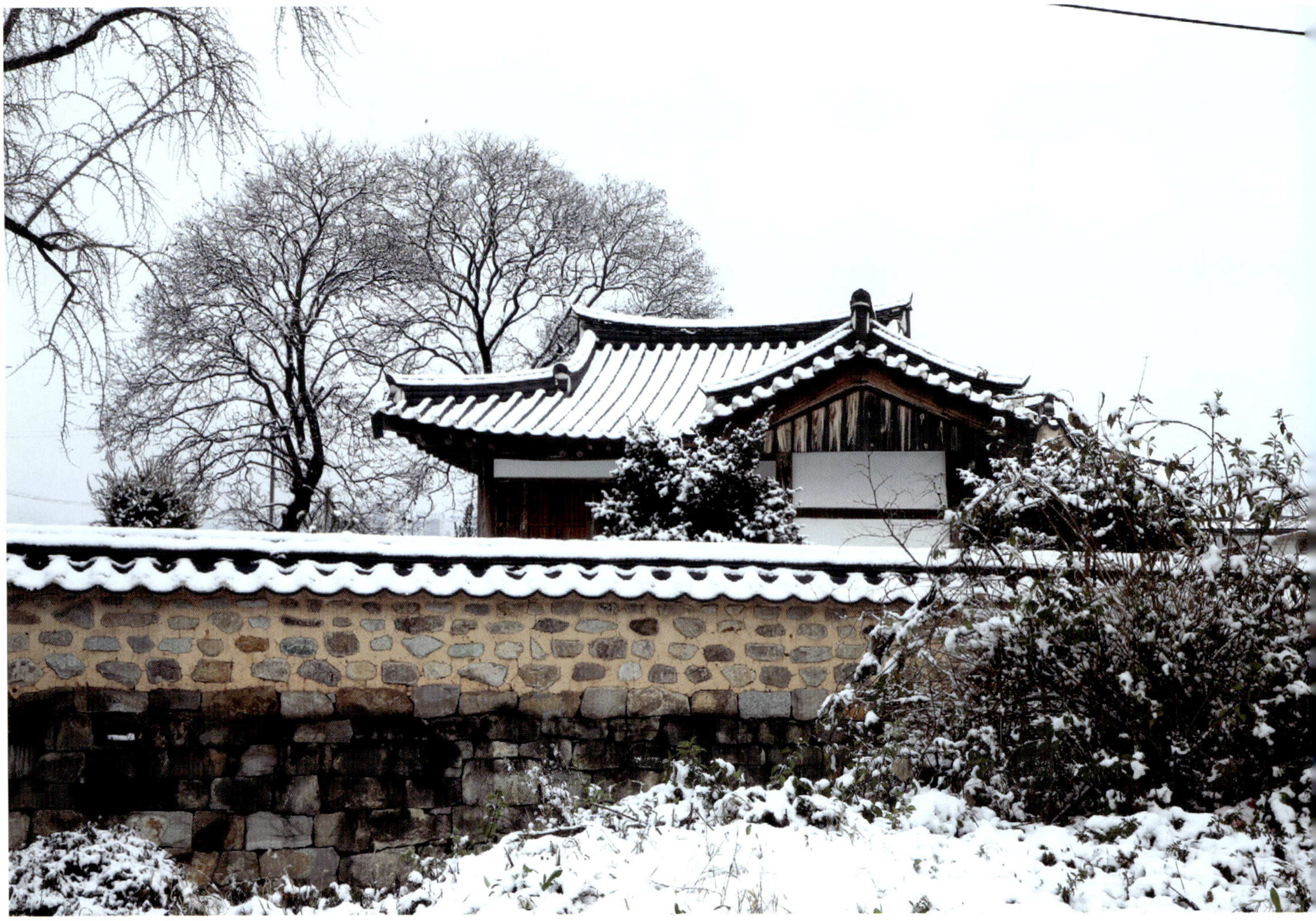

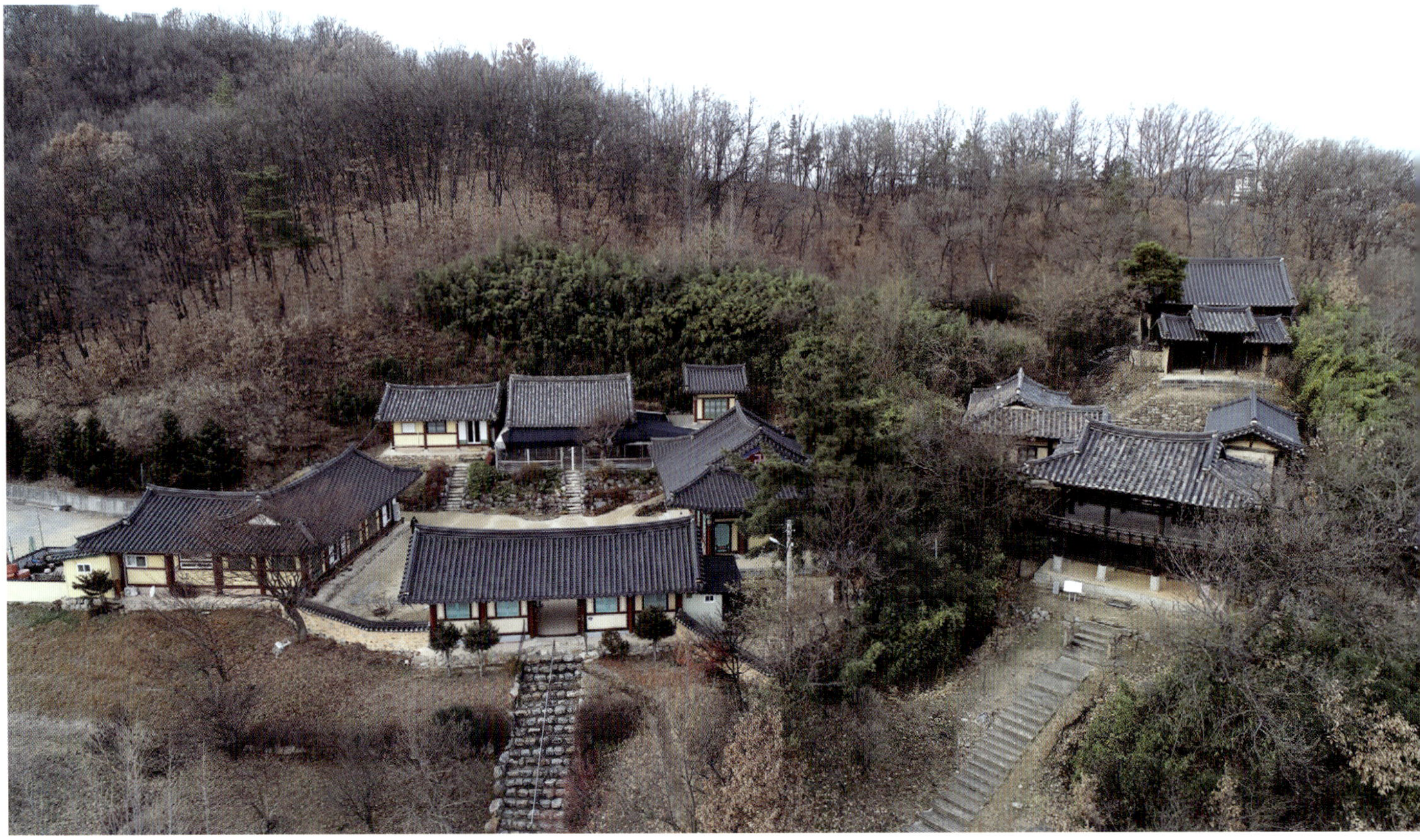

仙漁臺下銀魚肥
歸來亭上白雲遊
西岳寺樓前日樂
臨淸閣軒古時愁

鶴駕山影照三郡
燕尾園名傳萬秋
西厓祠前松竹綠
退溪門下洛江流

선어대 아래 은어는 살쪘고
귀래정 위 흰구름은 노니는데
서악사 누 위에서 즐거웠던 지난날
임청각 마루에서 옛 시름을 겨위하네.

학가산 그늘은 세 고을에 드리우고
연미원 이름은 만세에 이어지니
하회마을 앞은 송죽이 푸르고
도산서원 아래는 낙동강이 흐르구나.

— 안동팔경가 중에서

선어대, 선어모범(仙漁暮帆)

선어대는 경북 안동시 용상동 끝자락에 위치해 낙동강의 지류인 반변천이 크게 굽어지며 무협산 자락 단애를 휘돌아 흐르는 곳이다. 선어대에 올라서면 남선면과 용상동, 송천동 일대가 구분되는 것을 볼 수 있다. 선어대 아래 깊이를 알 수 없는 늪이 있었고 선어연으로 불렸다. 이를 일컬어 선어대라는 이름이 붙었지만 지금은 교량 건설 등 도시개발과 현대식 정비로 모습이 많이 바뀌었다. 날이 가물때 선어대에서 기우제를 지내면 반드시 비가 내린다고 한다. 선어모범은 선어대 저문 날의 돛단배를 뜻한다.

귀래정, 귀래조운(歸來朝雲)

귀래정은 경북 안동시 정상동에 있는 정자로 고성이씨 안동 입향조인 이증 선생의 둘째 아들 낙포 이굉 선생이 지었다. 이굉은 사헌부 지평, 상주목사 등 관직에 머물면서 갑자사화에 연루됐다. 그러던 중 중종반정 때 다시 조정에 기용됐지만 이미 연로한 탓에 벼슬을 사양하고 이곳으로 내려왔다. 이굉은 낙동강이 합수하는 경승지에 정자를 짓고 나서 자신의 처지가 도연명의 귀거래사와 흡사했던 까닭에 정자에 귀래정이라는 이름을 붙였다. 귀래정은 이중환의 택리지에서도 임청각과 군자정 등을 비롯해 으뜸으로 꼽고 있는 곳이다. 정면 4칸과 배면 2간 규모로 팔각지붕을 얹었다. 마루 주위에 둥근 기둥을 사용한 것 외에 모두 사각기둥을 썼고 창무네 중간설주가 남아있는 게 특징이다. 귀래조운은 귀래정의 아침 구름을 뜻한다.

서악사, 서악만종(西岳晚鐘)

서악사는 경북 안동시 태화동 태화산 기슭에 위치한 비보사찰(神補寺刹)이다. 옛날 안동에 사악(四嶽)이 있었는데 서악사는 사악 가운데 하나로 신라말 도선국사가 창건할 당시 운대사라는 이름을 썼다. 건물은 원통전과 요사채 2동이 있다. 원통전은 주법당으로 내부의 불상은 근래에 제작하였고 탱화 6점은 보존 가치가 있는 유물로 평가된다. 동종은 1933년 3월에 조성되어 연대를 불문하고 조선 시대의 범종 양식을 충실히 따른 것으로 알려진다. 서악사 입구의 바위에 '연파독역산(蓮坡讀易山)'이라는 글귀가 남아 있어 조선 후기 한성판윤을 지낸 장화식(張華植)이 여기서 역경(易經)을 읽었다는 의미로, 정화식의 묘가 절 뒤편에 있다. 서악사는 서쪽의 내산이 굵은 호랑이 형상을 하고 있어 흉하던 것을 칠림을 조성해 가렸다. 서악사루전일락(西岳寺樓前日落)이라고 하여 석양이 황홀할 정도로 아름다워 안동팔경 가운데 하나로 손꼽혔다. 서악만종은 서악사의 저녁 종소리를 뜻한다.

임청각, 임청고탑(臨淸古塔)

경북 안동시 법흥동에 있는 임청각은 국내 살림집 가운데 가장 큰 규모로 500여 년의 역사를 지닌 고성이씨의 대종택이다. 99칸 기와집으로도 알려져 있는데 사당을 비롯 사랑채 안채 중채 행랑채에 더불어 별당인 군자정과 정원까지 조성되어 있는 조선 시대의 전형적인 상류 주택이었다. 조선 시대에 영의정을 지낸 이원의 여섯째 아들 영산현감 이증(李增)이 이곳에 자리 잡았고 이증의 셋째 아들로 중종 때 형조좌랑을 지낸 이명이 1519년(중종 14년)에 지었다. 임청각이라는 이름은 도연명의 '귀거래사' 구절 가운데 '맑은 시냇가에 앉아 시를 짓기도 한다'는 臨淸流而賦詩(임청류이부시) 시구에서 '임(臨)'과 '청(淸)'을 취한 것이다. 1930년 일제가 중앙선을 철길을 건설하면서 행랑채와 부속건물 등을 철거하는 등 크게 훼손되었고 1963년 보물 제182호로 지정되었다. 안동시는 중앙선이 철거되는 시점에 맞게 2019년부터 7년간 임청각 복원사업에 돌입해 옛 모습을 찾게 할 계획이다. 한편 임청각으로부터 200여m 떨어진 곳에 국보 제16호인 안동 법흥사지 칠층전탑이 자리하고 있어 임청각 방문객들이 둘러보기도 한다. 임청고탑은 임청각과 오래된 전탑을 뜻한다.

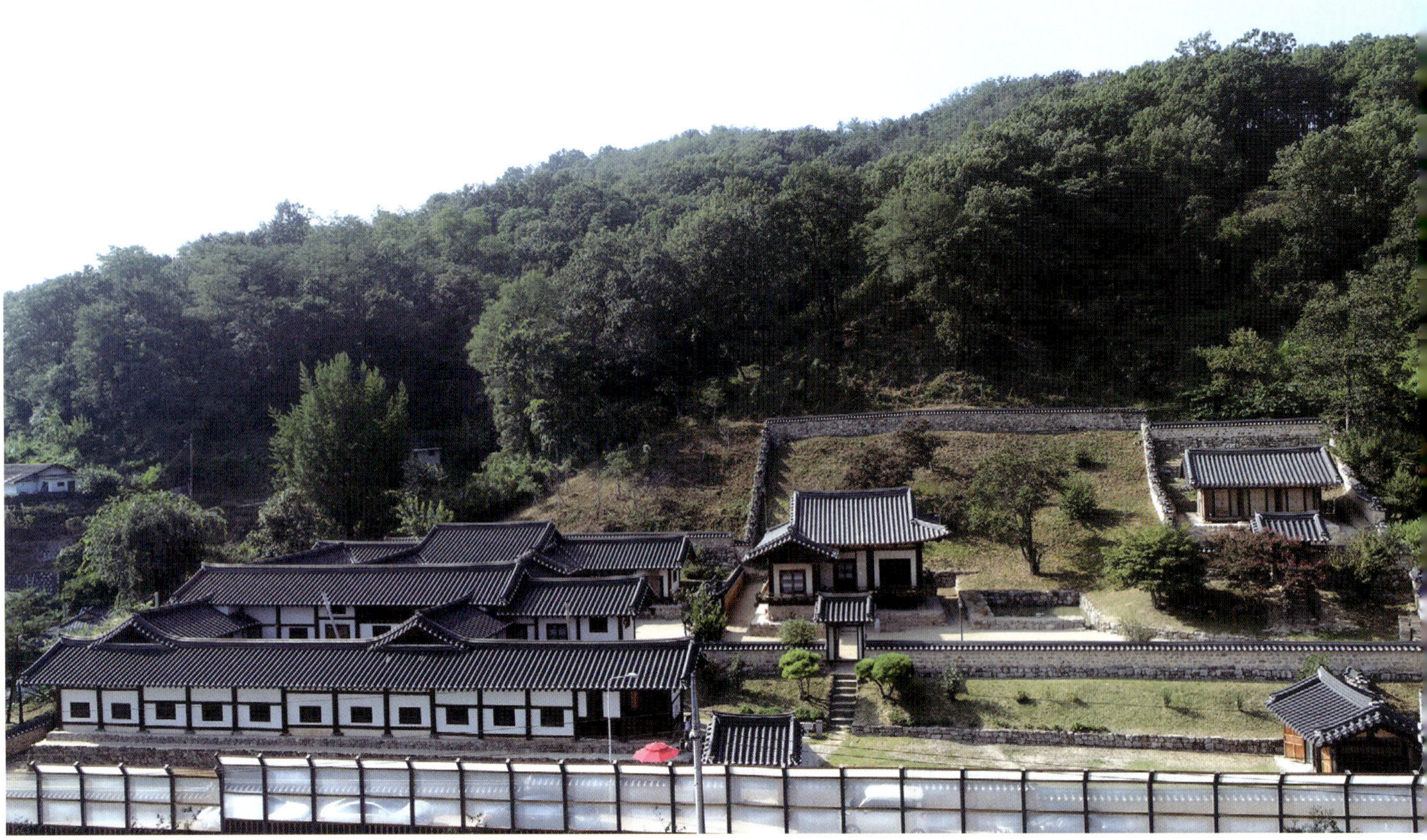

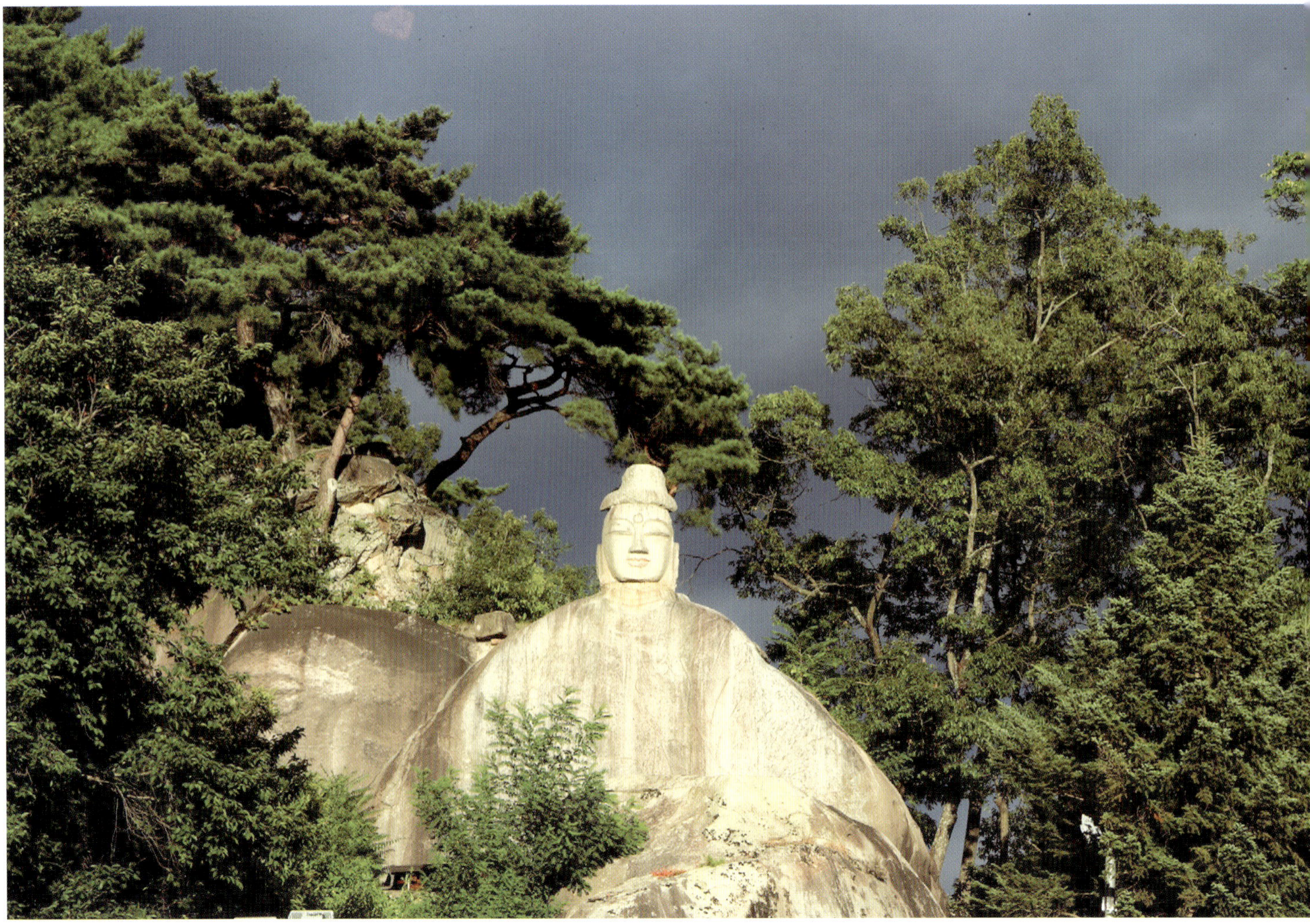

학가산, 학가귀운(鶴駕歸雲)

경북 안동시 북후면과 서후면, 예천군 보문면에 걸쳐있는 학가산은 해발 882m로 방송국 중계소 등이 위치하고 있다. 학가산은 각 지역에서 보이는 모양이 다르다고 하여 별칭도 다르다. 안동은 울퉁불퉁하게 보인다고 하여 문필봉, 예천은 수려하다고 하여 인물봉, 영주는 평평하게 보인다고 하여 노적봉이라고 부르기도 한다. 학가산의 가장 높은 봉우리는 국사봉으로 여기에 오르면 안동과 예천 영주 일대가 한눈에 들어온다. 산의 남쪽에 통일신라 시대(남북국시대) 때 의상이 창건한 광흥사가 있다. 또 고려시대 공민왕이 홍건적의 난을 피해왔을 때 쌓은 것이라는 학가산성도 남아있다. 학가산이라는 명칭은 학이 앉았다 날아가는 형상에서 비롯되었다. 학가귀운은 학가산으로 몰려드는 구름을 뜻한다.

연미사, 연미세우(燕尾細雨)

연미사는 경북 안동시 이천동에 위치한 절로 승려가 거주하는 요사가 제비꼬리에 해당하는 등 형상이 제비를 닮았다고 하여 이름이 붙었다. 현재 제비원으로 불리는데 제비원이라는 이름은 고려 시대 지방으로 출장 가는 관리들의 숙소로 쓰기 위한 원(院)을 두었던 것에 유래한다. 이곳은 속칭 이천동석불상으로도 유명한데 공식 불상의 공식 명칭은 안동 이천동 마래여래입상(安東 泥川洞 磨崖如來立像)이며 1963년에 보물 제115호로 지정되었다. 불상은 연미사 터로 전해지는 곳의 서쪽 바위에 새겨져 있다. 몸체는 천연암벽에 새겼고 머리는 다른 바위를 조각해 올려두었다. 제작 시기는 11세기쯤으로 추정되며 불상의 앞쪽이 온전한 반면 뒤쪽은 파손되어 있다. 불상은 예리한 조각 수법으로 이목구비가 크게 만들어졌다. 옆으로 뻗어 깊게 패인 눈과 높은 코는 단순한 얼굴의 윤곽과 어울려 위압감을 준다. 왼손은 가슴 앞에서 장지와 엄지를 맞대며 오른손은 배에 대고 있어 중품하생인을 취한 듯한 모습이다. 발아래 음각된 단판 연꽃무늬가 대좌를 이루고 있다. 이같은 마애불은 경기 파주 용미리 마애불입상 등이 있으며 고려시대 거석불(巨石佛)이 괴체화(塊體化)하는 현상과 한 줄기를 이룬다. 연미세우는 제비원에 내리는 이슬비를 뜻한다.

도산서원, 도산명월(陶山明月)

도산서원은 퇴계 이황이 도산서당을 짓고 유생을 교육하며 학문을 수양하던 곳으로 경북 안동시 도산면 토계리에 위치하고 있다. 1969년 사적 제170호로 지정되었다. 서원은 1575년(선조 8년) 석봉(石峯) 한호(韓濩)의 편액을 받은 사액(賜額) 서원이 되면서 영남 유학의 중심지가 되었다. 서원은 동서재 정면 3칸, 측면 2칸 홑처마 맞배집, 전교당(典敎堂) 정면 4칸 측면 2칸 홑처마 굴도리집 상덕사(尙德祠) 정면 3칸, 측면 2칸 단층 기와집으로 구성되어 있다. 이 가운데 전교당은 1963년 보물 제210호에, 상덕사도 같은 해 보물 제211호에 지정되었다. 서원은 이황의 유품과 400여 종에 달하는 장서와 장판 등 4,000여 권이 남아 있다. 흥선대원군의 서원철폐령에도 소수서원과 병산서원 등과 함께 살아남았다. 1969년에 정부가 해체 복원하여 지금까지 유지되고 있다. 도산명월은 도산서원의 밝은 달을 뜻한다. 한편 정부는 도산서원과 병산서원 등 서원 9곳을 2019년 7월 유네스코 세계문화유산에 등재할 방침이다.

하회마을 하회청풍(河回淸風)

'물돌이 마을'이라고도 불리는 하회마을은 경북 안동시 풍천면 하회리 낙동강변에 조성된 풍산류씨 집성촌으로 중요민속자료 제122호다. 2010년 7월 31일 유네스코 세계문화유산에 등재되었다. 부용대와 더불어 안동의 관광명소로 자리 잡았다. 경북 안동시 풍천면 광덕리 부용대에 오르면 하회마을 전경이 눈에 들어와 한겨울에도 관광객들의 발길이 끊어지지 않는다. 동쪽으로 화산(321m)이 감싸고 낙동강이 남쪽부터 서쪽과 북쪽 경계를 따라 마을 전체를 태극형으로 감싸며 흐른다. 풍수지리적으로도 산태극수태극(山太極水太極), 즉 길지(吉地)로 임진왜란 때도 화를 피한 것으로 알려져 있다. 서북쪽으로 노송림대가 울창하고 마을 중앙에 600년 된 느티나무가 있어 삼신당나무로 삼고 있다. 조선 시대 신분제 사회를 엿볼 수 있는 유서 깊은 가옥 130여 호가 보존되어 있다. 겸암 류운룡의 종택인 양진당(보물 제306호)과 서애 류성룡을 모신 충효당(보물 제414호), 하회탈(국보 제121호) 등 국보와 보물 등도 여럿이다. 이외에도 하회별신굿탈놀이(중요무형문화재 제69호), 선유줄불놀이 등 민속놀이도 전수되어 오고 있다. 선유줄불놀이는 안동국제탈춤페스티벌 기간에 하회마을 노송림대 앞 모래밭과 부용대를 줄로 이어 불을 떨어뜨리는 장관을 연출하는 민속놀이다. 하회청풍은 하회마을의 맑은 바람을 뜻한다.

25
한국국학진흥원

한국국학진흥원(원장 조현재)은 한국학 자료의 수집 및 보존과 연구, 보급 등을 수행하기 위해 설립된 국학 전문 연구기관으로 경북 안동시 도산면 서부리에 있다. 유교문화박물관과 장판각, 인문정신연수원 등 시설을 갖추고 있다.

1995년 12월 경상북도가 재단법인을 설립하였고 2001년 10월 세계유교문화축제 개막과 병행해 공식적으로 개원하였다. 한국학 자료 중 특히 민간에 흩어져 있어 멸실 우려에 직면한 기록문화재를 기탁받아 과학적으로 안전하게 보존하기 위한 것이 목적이다.

한국국학진흥원의 주요사업으로는 국학자료수집보존, 국학연구, 고전국역 등이 있는데 국학자료수집보존은 민간이 소장하고 있는 국학자료를 훼손으로부터 효율적으로 보존하기 위해 관리권만 위탁받는 기탁 방식으로 진행한다. 한국국학진흥원이 수집한 자료는 지난해 10월 말일 기준으로 고서와 고문서 각 16만·28만여 점 등 모두 51만 점이 넘는다. 이 가운데 유네스코 세계기록유산에 등재되어 있는 유교책판과 국채보상운동 기록물 등 국보 제132호 징비록 등 보물과 문화재자료 등 지정문화재도 즐비해 있다. 한국국학진흥원은 이들 자료를 전산에 기록하여 체계적으로 정리하고 있으며 수장고와 장판각 등에 종이와 목판 등을 보관하고 있다.

한국국학진흥원은 기획연구와 학술대회 등도 시행하고 있는데 2001년부터 안동문화권을 중심으로 하는 유교문화 연구를 미국 하와이대학교 한국학연구소, 안동대학교 안동문화연구소 등과 함께 연구하는 등 지방학을 주제로 해외 연구기관과 공동으로 수행하고 있다. 국내·외 학술대회도 열어 한국유학사상대계와 한국금석문집성 등도 간행하였다. 한편 소장자료를 바탕으로 다양한 분야의 전문가들이 참여하는 포럼도 진행해 그 성과를 학계와 일반에 보급하고 있다.

한국학 자료들은 대개 한문으로 표기된 것이 많아 한문의 중요성도 상당하다. 이에 따라 한문후속세대 양성

프로그램 등으로 국학의 명맥을 이어가고 있으며 기탁 받은 자료 가운데 조선 시대 문집과 일기 등을 국역하여 역사적 사료를 확보함과 동시에 스토리텔링의 원천 소재를 발굴하고 있다.

한국국학진흥원의 시설 가운데 유교문화박물관은 우리나라에서 유일한 유교전문박물관으로 일상 의례 등 전통문화의 중심을 이뤘던 유교문화의 진수를 전시 공간 8개에 나눠 상설 전시하고 있다. 특히 베트남에서 열린 2017년 호찌민-경주세계문화엑스포에 참가하여 한국문화존 안에 유교문화교류관을 설치하여 우리나라의 유교문화를 전시하며 같은 유교권 국가인 베트남과 호흡을 맞추었고 큰 호응을 얻었다. 지금은 임노직 한국국학진흥원 자료부장이 유교문화박물관장을 겸직하고 있다.

한편 또 다른 시설로 인문정신수련원이 있다. 인문정신수련원은 2007년 개관한 국학문화회관과 2009년 설립한 한국인성교육연수원을 통합하여 2018년 1월 개원하였다. 이곳의 역할은 교육연수사업인데 국학자료의 정리와 연구 성과를 바탕으로 전통문화의 대중적 보급, 현대적 계승으로 새로운 정신문화를 정립하는 데 기본 방향을 잡고 있다. 현장학습과 전통사상을 깊이 있게 공부할 수 있는 교양강좌 등 다양한 전통문화 체험연수 프로그램을 운영하여 한국문화의 대중화와 세계화를 도모하고 있다. 인문정신수련원은 300명을 수용할 수 있는 규모로 강의실과 운동장, 호텔급 숙박시설 등을 갖추고 있어 공무원과 농업인 등 연수생들을 위한 교육의

장으로 쓰인다. 인문정신수련원의 교육 프로그램은 전통문화 체험, 한류문화 체험, 인문리더십 등으로 참가자들로 하여금 한국국학진흥원 소장 전통기록자료에 담겨있는 선현들의 삶을 토대로 스스로 성찰하는 기회를 제공하여 이들의 인문학적 소양을 고취하고 있다. 지금은 권영길 원장이 재임하며 각자의 삶을 통찰하고, 더불어 사는 방법을 찾도록 정주하고 있다.

이밖에 한국국학진흥원의 역할로 아름다운이야기할머니사업단 등이 있어 삶의 지혜가 풍부한 여성 어르신들을 선발하고 양성하여 우리나라의 옛이야기와 선현들의 미담 등을 유아교육기관 등 어린이들에게 전파하며 미래세대의 인성 함양과 전통문화의 세대 간 전승을 돕고 있다. 한국국학진흥원에 따르면 2017년까지 전국적으로 이야기할머니 2,462명이 유치원 등 유아교육기관 7,132 곳에서 활동하고 있다.

26
선성현의 어제와 그리고 내일

辛酉五月
宣城誌
溪東藏
00377480

宣城縣衙門
SECOM

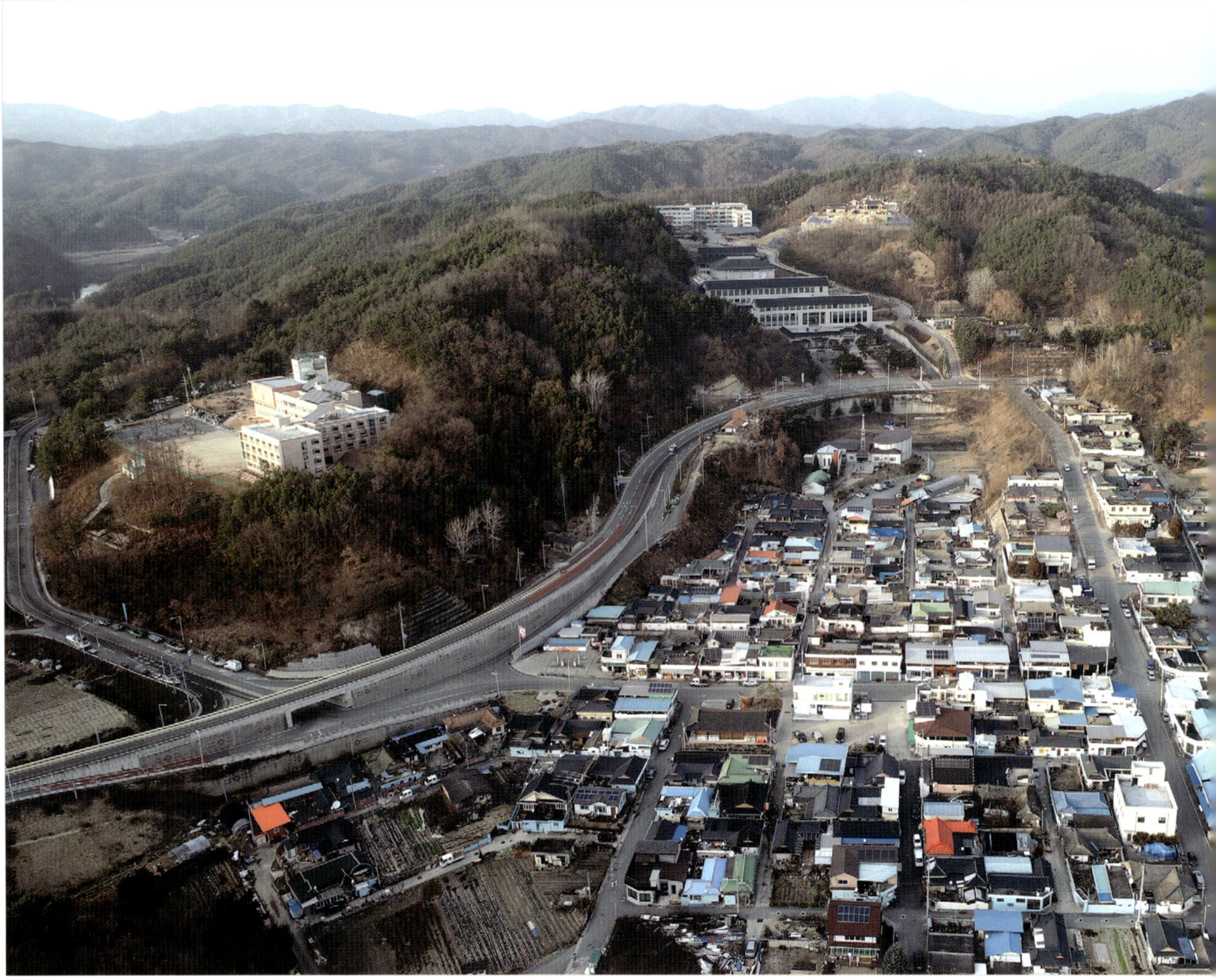

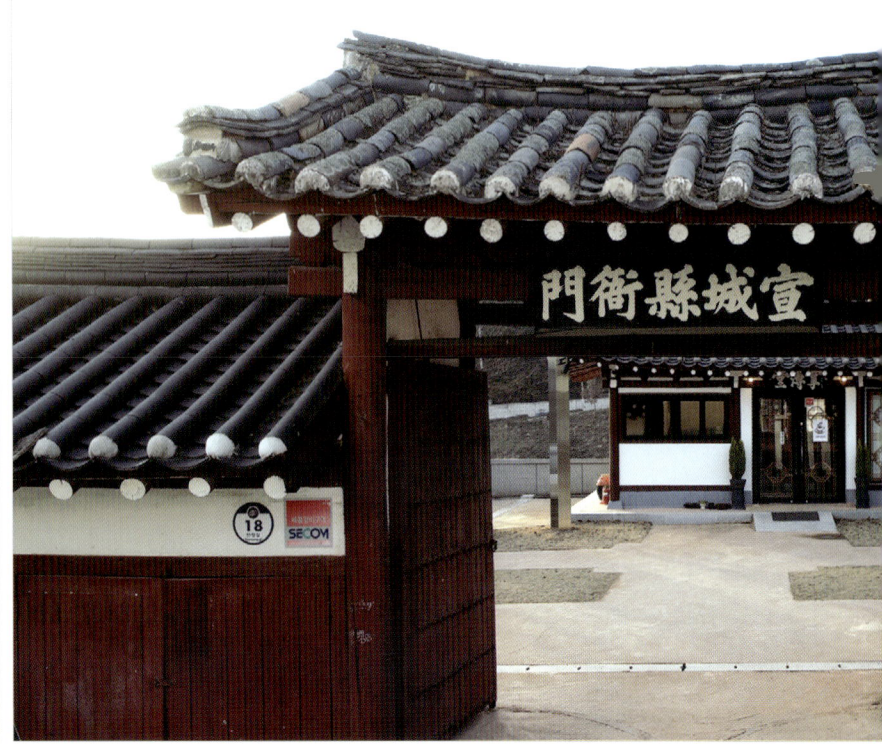

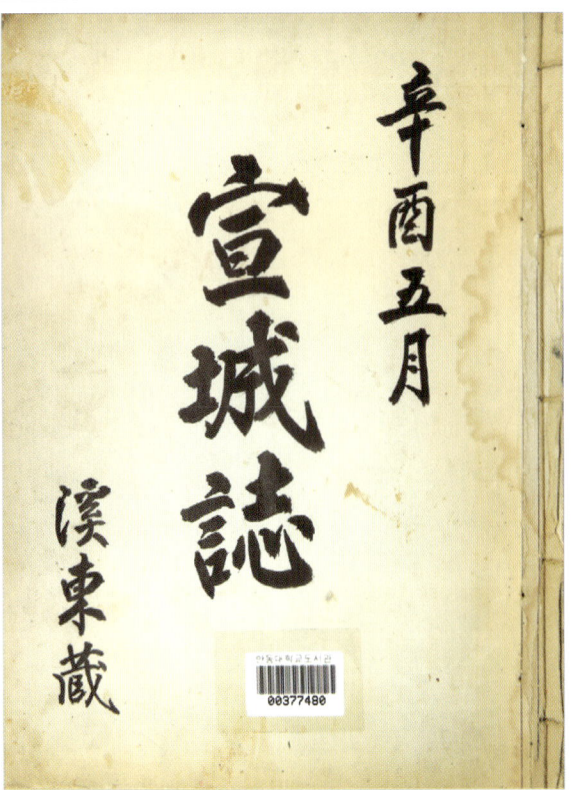

　선성현은 예안현의 별칭인데 1413년(태종 13)부터 1895년까지 안동 지역의 예안면·도산면·녹전면에 설치되었던 조선시대 행정기관이다. 이 때문에 지방 역사지도 달랐다. 안동지역에 영가지가 있다면 예안에는 선성지가 있었다. 세종실록에 따르면 예안현(지금의 예안면)은 원래 고구려의 매곡현(買谷縣)이었다가 신라 땅이 되었으며, 경덕왕 때 선곡현(善谷縣)으로 고쳐 내령군(奈靈郡, 지금의 영주)의 영현(領縣)으로 삼았다. 고려 태조 때 성주 이능선(李能宣)이 고려에 귀순하자 의리를 가상히 여긴 태조의 명으로 예안군으로 승격하였다. 1018년(현종 9) 길주(吉州, 지금의 안동)에 속하였다가 1376년 (우왕 2) 다시 예안군으로 승격하였고, 1389년(공양왕 1) 안동부에 속하였다. 1401년(태종 1) 예안 사또를 두고 감무라 칭하였고, 1413년(태종 13) 예안현이 되었다.

　안동시는 선성현의 이러한 역사 문화적 유산을 바탕으로 선성현 문화단지 조성공사를 2019년 준공을 목표로 사업을 진행 중이다. 이에 앞서 2017년 선성현 문화단지 내 준공된 한옥체험관과 한식당은 벌써 저렴한 숙박비용으로 안동호의 수려한 수변경관을 만끽할 수 있다는 입소문이 퍼져 예약이 밀리는 호황을 누리고 있다. 특히 안동호 수변 경관을 따라 탐방로가 만들어진 총 길이 91㎞의 안동선비순례길은 숲과 물과 선비의 자취가 어우러져 가장 주목받는 한국적인 관광명소로 거듭나고 있다. 그중 선성현길은 지난해 5월 문화체육관광부와 한국관광공사에서 선정하는 '이달의 추천 길'에 선정되기도 했다. 안동시는 안동댐 건설로 수몰된 6개 마을의 옛 모습과 선성현 관아 복원을 통해 선성현문화단지를 유교문화를 비교하고 역사문화 콘텐츠를 체험을 통해 신한국문화를 창조하는 거점지역을 개발한다.

27
도산서원 혼천의

도산서원 혼천의

도산서원

　도산서원 옥진각에는 퇴계 선생 당시 사용했던 혼천의가 전시되어 있다. 선기옥형, 혼의, 혼의기라고 불린 혼천의는 천체의 운행과 그 위치를 측정하던 천문시계였다. 삼국시대 후기에서 통일신라시대와 고려시대에 사용했을 것으로 추정되지만 문헌상에 남아있는 제작기록은 1437년(세종 19)정초, 정인지가 고전인 '오씨서찬'을 조사하고 이천, 장영실이 감독하여 혼상을 제작한 것이 처음이다.

　내가 이 혼천의라는 말을 처음 듣게 된 것은 2004년 여름이었다. 안동시 와룡면 나소리 나별 정진호 선생 댁을 방문했을 때 선생이 처음 들려주신 말이 혼천의, 선기옥형, 혼상이라는 말이었다. 기억하기로 선생은 그때 분명 혼천의는 선조들이 우주에서 지구를 바라보며 그려 넣은 별자리이며 도산서원 혼천의는 당시 퇴계학단의 수준이 이 천문기기를 만들 만큼 천문학에 조예가 깊었다는 것을 반증한다고 말씀하셨다. 이후 내가 다시 선생 댁을 방문했을 때 책 한 권을 보여주셨던 기억이 있다. 충북대 이용삼 교수와 공저로 내신 혼천의 관련 책이었다. 듣기로 초등학교를 겨우 마쳤다는 선생이 대한민국 최고 천문복원학자와 공저로 책이 냈다는 것이 신기했지만 선생은 오히려 이용삼 교수가 설득해서 그렇게 한 것뿐이라며 당당해 하셨다. 그리고 그 이듬해인가 선생 이름의 단행본『도산서원 혼천의』가 발간되었는데 그 책을 내게 한 권 주셨다.

　도산서원 혼천의가 세상에 크게 알려진 것은 선생의 책이 발간된 후 안동MBC 조현상 국장이 이걸 다큐멘터리로 만들면서부터다. 안동MBC와 이용삼 교수팀이 복원한 도산서원 혼천의는 2018년 8월 29일에 도산서원에 기증되었으며 현재 옥진각에서 전시되고 있다.

28

동천

동천(洞天)은 도교에서 신선이 살거나 하늘에서 내려와 놀 만큼 경치가 아름다운 장소의 유형 가운데 하나이다. 대개 계곡이나 동굴, 석동 등의 공간을 가리키며 하늘과 통하는 지역이라는 뜻으로 통천(通天)이라고도 불렀다. 동천 중에서도 가장 성스러운 곳을 십대동천과 삼십육소동천으로 나눈다. 중국 동천의 연원과는 별개로 우리나라에도 고대로부터 도교를 수용하기에 적합한 토착적인 고유문화 현상으로서 산악신앙·신선설 및 그것들과 연관이 있는 각종의 방술이 전해져 왔다. 옥황상제 환인(桓因)의 아들인 환웅(桓雄)이 3,000명의 무리를 거느리고 태백산 정상의 신단수 밑으로의 강림은 산악신앙과 신선신앙의 시작이었다고 할 수 있다. 이 때문에 한국적 동천의 밑바탕인 신선사상의 연원은 환인의 도가 환웅과 단

군을 거쳐 전해지고 그것이 다시 문박씨(文朴氏)·을밀(乙密)·영랑(永郎)·안류(晏留)·보덕성녀(普德聖女) 등으로 이어져 내려왔다고 여겨진다. 단군을 본원으로 이 땅에 홍익인간 재세이화의 구현하겠다는 단군신화의 이념 또한 다름 아니라 인간세와 삼라만상을 두루 포괄하겠다는 우리나라 동천 즉 신선사상의 발로이고 특징을 담아내고 있다. 특히 이와 같은 선가설은 수련적인 도교와 융합하면서 우리 민족의 무한한 저력에 대한 신심과, 자부심으로 귀결되는 형태를 띠고 있다.

안동지역에 알려진 동천은 옛날 마고선녀가 목욕했다는 전설을 간직하고 있는 안기동의 마고동천(麻姑洞天)과 운안동 함안조씨 세거지에 세워진 운안동천(雲安洞天), 그리고 서후 저전리의 석류동천(石溜洞天), 풍산읍 막곡1리 아랫막실마을 뒤편의 봉강동천(鳳岡洞天), 닭실마을의 청하동천을 비롯하여 용암동천(龍巖洞天), 도화동천(桃花洞天)이 있었다고 전해지지만 용암, 도화 두 동천의 정확한 위치는 확인하지 못했다. 확인 못 한 것은 이것만이 아니다. 기억이 희미하여 이름이 잘 생각나지 않지만 안동시 도산면에 있는 용수사 일주문 좌측마을로 올라가는 길목에도 무슨 동천이라고 새겨진 바위 글씨를 본 적이 있다. 수년 전 구제역 때문에 살처분 하러 갔던 일직면 어느 깊숙한 골짜기의 명칭도 무슨 동천이었다. 하루빨리 조사연구를 통한 안동지역 동천에 대한 실상이 파악되었으면 하는 바람을 피력해 본다. 아래는 마고동천 표지석의 글 내용이다.

마고동천(麻姑洞天)

마고동천 비석이 서 있는 이곳은 마무골 혹은 마모골이라고 하는데 옛날에 마고 선녀가 내려와 목욕을 하고 갔다는 전설이 유래가 된 이름이다. 동천이란 신선이 사는 곳, 또는 신선이 내려와서 놀 정도로 경치가 아름다운 곳을 일컫는다. 동천은 통천(通天)이라고 읽기도 하는데, 하늘과 통한다는 뜻이다. 또 동(洞)은 골, 골짜기라는 뜻을 지니며 골짜기는 사람들이 모여 사는 마을이 자리 잡고 있어서 대체로 마을과 뜻이 통하는 개념으로 사용된다. 안동지역에서 찾아볼 수 있는 동천으로는 운안동천, 도화동천, 석류동천, 용암동천, 봉강동천이 전하고 있다. 마고라는 말이 처음 언급되는 역사서는 신라 시대 학자였던 박재상이 저술한 부도지인데

마고성(麻姑城)에서 인류의 역사는 시작이 되었고 거기서부터 황궁씨, 유인씨, 환인, 환웅, 단군으로 이어져 왔다고 전하고 있다.

마고의 마는 어머니라는 뜻이며, '맏아들', '맞다'처럼 원초적인 긍정을 뜻한다. 고는 근원, 뿌리라는 뜻이다. 그러므로 마고는 원초적이고 긍정적인 사랑, 바로 지구 영혼의 이름이다. 인간에게 몸이 있듯이 지구도 몸이 있다. 인간에게 기운이 있듯이 지구도 대기권, 즉 기운이 있다. 마고는 모든 것의 근원이요, 모든 것의 어머니라는 뜻이며 아주 오래된 영혼이라는 뜻이다.

또한 마고라는 것은 언어의 시원적인 모습이기 때문에 전 세계 누구나 편안하게 쓸 수 있는 발음이다. 지구 마고의 입장에서 볼 때 모든 인류, 모든 국가, 모든 종교는 하나이다. 어머니가 자녀를 사랑하듯이 모든 인류를 다같이 사랑한다.

흔히들 지금 시대를 지구촌시대라고 한다. 지구에 있는 모든 나라가 한 마을처럼 서로 유기적인 관계 속에 영향을 주고받으며, 상생하고 공생하는 시대가 되었다는 것이다. 그렇기 때문에 이 시대에는 마고의 정신을 더욱 필요로 한다. 물질문명의 발달로 인간성 상실이 최고조에 달한 지금, 모든 인류의 영혼이 찾고 있는 것은 바로 지구의 어머니 마고가 내포하고 있는 가치인 지구를 중심으로 하는 큰 평화와 사랑이다.

안동의 나라사랑 정신의 뿌리는 인류의 영혼까지도 사랑하는 마고의 정신이 있었기에 가능하였던 일이다. 여기에 안동 마무골에서 대대로 내려오는 마고동천 비석을 다시 정비하여 지구 어머니 마고의 영혼이 길이 이곳에 뿌리내려 하늘과 온전히 통하길 소망하며 지구의 사랑과 평화를 꿈꾸던 안동정신이 대한민국 정신으로, 전 인류의 정신으로 승화하길 희망하며 표지석을 세운다.

29

유피책판

경북 안동시 도산면 서부리 한국국학진흥원에 유교책판이 소장되어 있다. 유교책판은 조선 시대의 유학자들이 책을 간행하려 새긴 목판으로 2015년 유네스코 세계기록유산에 등재되었다. 가장 오래전 제작된 책판은 560여 년 전 경북 청도의 선암서원에서 판각한 배자예부운략(排字禮部韻略)이고, 짧게는 60년 전에 제작된 것도 있으며 각 책판은 단 한 질만 제작되었다는 점에서 현재까지 전해지고 있는 유일한 원본이다.

전국의 문중과 서원 등 305곳에서 기탁한 책판은 2005년 한국국학진흥원이 장판각을 지으며 보존하고 있다. 이 책판으로 간행할 수 있는 책은 문학, 철학, 정치, 경제 등을 망라하여 퇴계선생초문집, 성학십도 등을 포함해 지리지, 족보와 연보 등 종류가 718종, 장수만 64,226장에 달한다. 유학자들은 인륜공동체(人倫共同體) 실현이라는 유학 이념에 기초해 저술하였다. 대부분 영남지역 문중과 서원 등에서 보관해 왔으나 한동안 애물단지 취급을 받기도 했다. 간혹 사정이 좋지 않은 집안은 책판을 빨래판으로 활용하거나 땔감으로 썼던 것이다. 그러던 중 2002년 한국국학진흥원이 목판 10만 장 수집 운동을 펼치면서 존재 가치가 부각되었다. 비록 목판 10만 장을 모두 수집하지 못했지만 학계는 전국적으로 10만 장이 더 넘는 목판이 있을 것으로 예상하고 있다. 모두 15만 장이 넘는 목판은 어디까지나 우리나라에 있는 것만 추정한 것으로 북한의 목판까지 합하면 그 수가 얼마나 될지는 아직 모른다. 한편 책판 가운데 퇴계선생문집 책판

709장은 2016년 2월, 보물 제1894호로 지정되었다.

대장경이 국가가 주도해 제작된 데 반해 유교책판은 지방의 집단지성들이 시대별로 달리 제작했다는 데 차이를 보인다. 문중과 서원, 학맥 등 다양한 관계망은 개인적 관점보다 공동체 성격을 지닌다. 제작비용도 개개인이 부담하기에 컸기에 지식인 집단이 공동으로 부담하였다. 어떤 내용을 어떻게 새길지 정하는 절차부터 인쇄하여 배포하는 것도 공동으로 행하였다는 점 등 방식은 세계사에서 유례를 찾기 어려울 정도다. 관계망을 구성하는 지식인들도 20세기 중반까지 스승과 제자 등 관계로 밀접하게 연관됐고 이러한 관계는 500년 이상 지속되며 집단지성을 형성하였다. 공론(公論)으로 제작된 유교책판은 단순히 인쇄기능만 있는 게 아니라 선현(先賢)이 남긴 학문의 상징으로 여겨졌다.

그렇다 보니 책판에 수록된 내용 또한 상당히 정제된 것이며 교열과 교정도 엄격하게 이뤄졌다. 후대가 새로 제작한 번각본(飜刻本)도 거의 없어 활자본 혹은 필사본과 달리 책판은 서책의 원형을 지금까지 그대로 담고 있다. 한편 책판이 만들어진 이후에도 내용 측면에서 공론에 어긋나는 것은 간행이 제한되었으나 책판은 보존되었다. 현재 한국국학진흥원이 보존하고 있는 책판은 지금도 바로 인쇄할 수 있을 정도로 좋은 상태를 유지하고 있다. 이런 점에서 유교책판은 세계적 중요성과 고유성, 대체 불가능성 등에서 그 가치를 평가받고 있다.

한편 유네스코 세계기록유산에 등재된 목판은 우리나라의 팔만대장경과 베트남 응우옌왕조의 것이 전례로 있다. 더불어 유교책판의 소장지인 안동시는 하회마을, 봉정사 등이 유네스코 세계유산에 등재돼 세계기록유산과 세계문화유산 모두 보유한 도시가 되었으며 하회별신굿탈놀이가 인류무형유산으로 등재되면 유네스코 3대 카테고리를 석권하는 세계적 도시로 발돋움하게 된다.

30
임하구곡

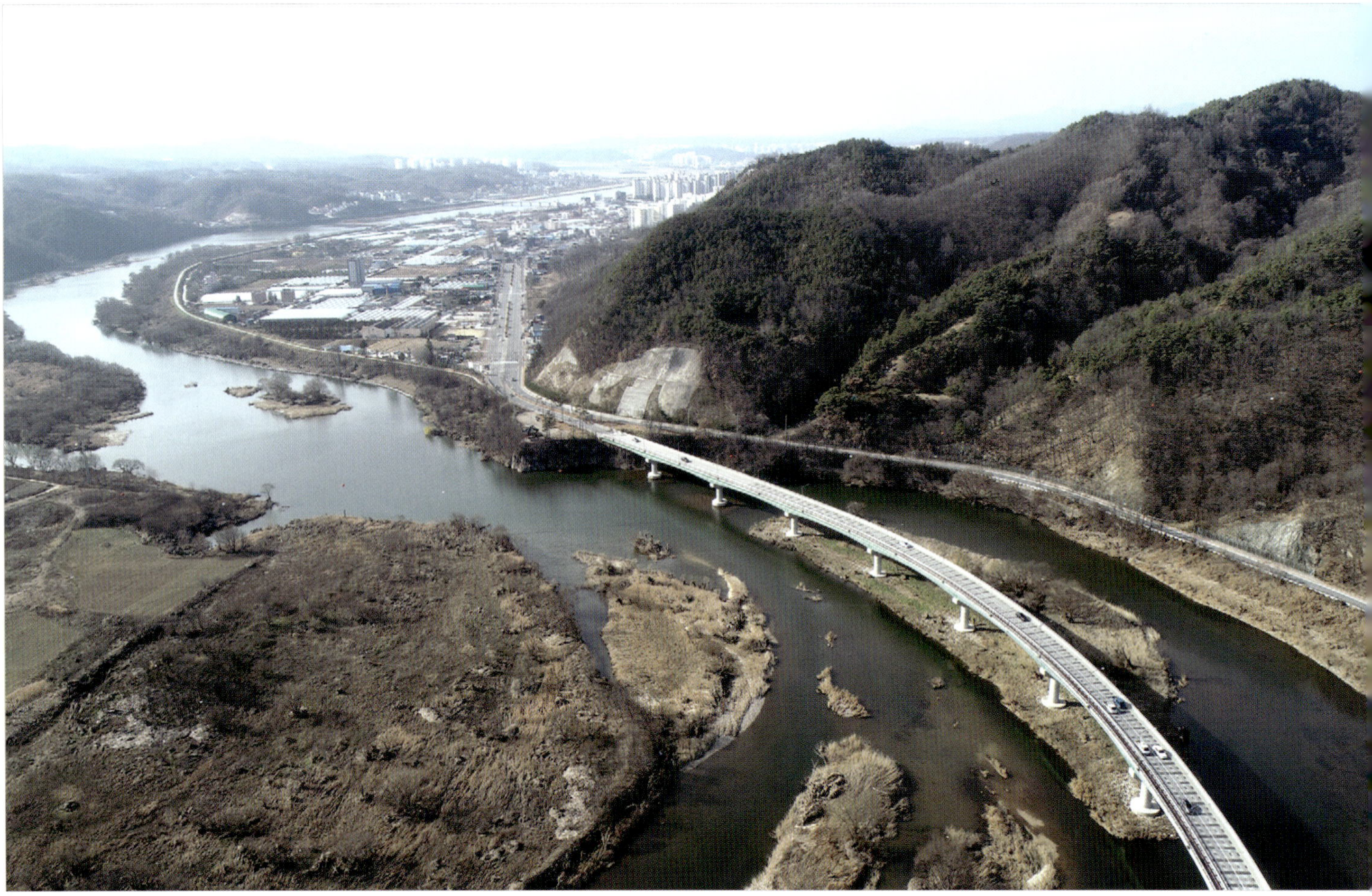

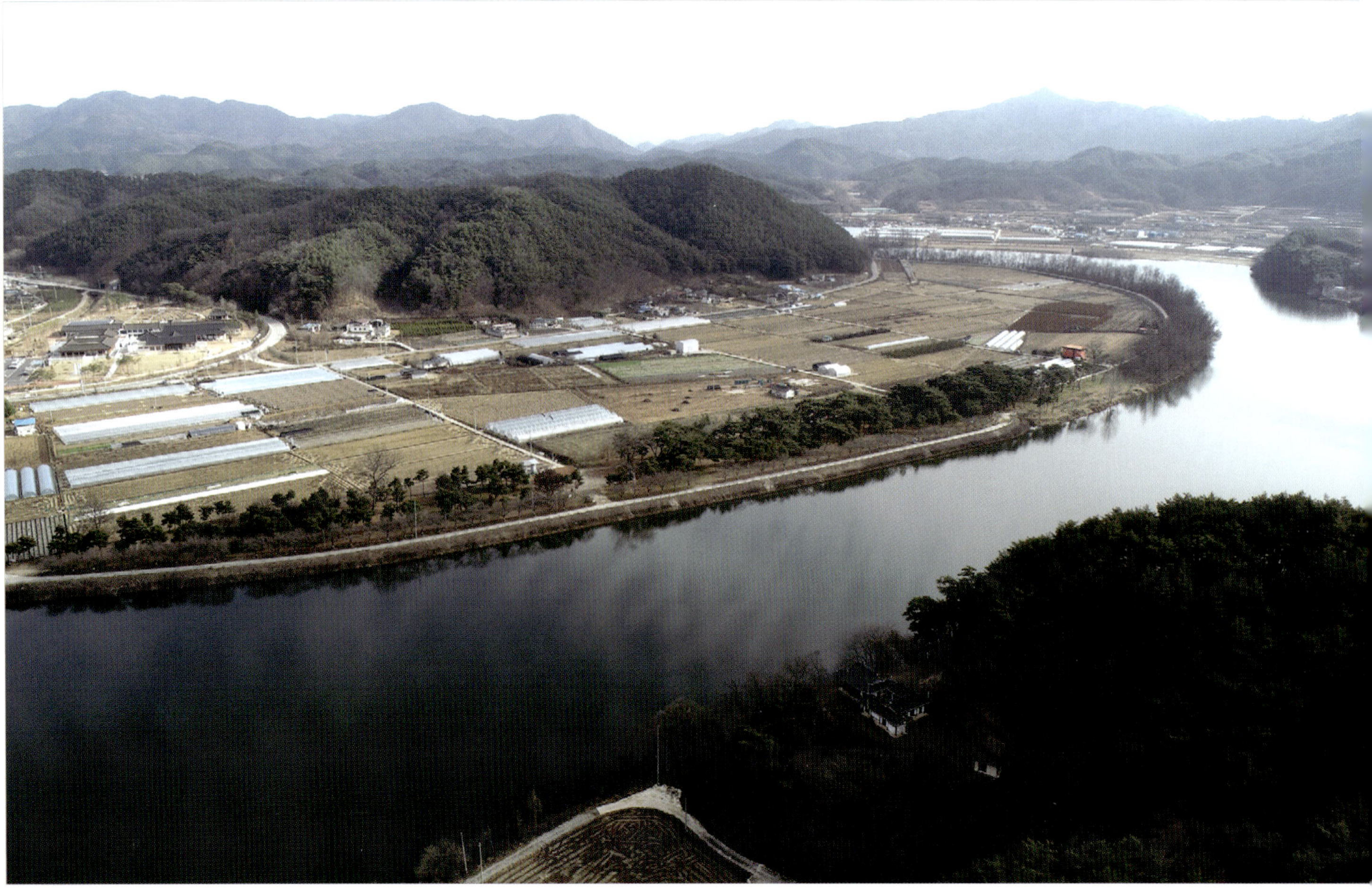

임하구곡(臨河九曲)은 경북 안동시 임하면 임하리 백운정에서 반변천 상류를 거슬러 길안면 용계리 선유정 일대까지 양쪽 기슭에 있는 경관 아홉 곳을 말한다. 반변천을 따라 올라간다고 하여 반변구곡(泮邊九曲)으로 불리기도 한다. 〈영가지(永嘉誌)〉와 〈택리지(擇里志)〉의 기록에 따르면 임하구곡은 백운정(白雲亭)을 제1곡으로 임천서원(臨川書院), 망천(輞川)과 칠탄(七灘), 사빈서원(泗濱書院), 송석(松石), 선창(仙倉), 도연폭포(陶淵暴布), 선유정(仙遊亭), 표은(瓢隱) 유허비(遺墟碑) 등이다.

백운정은 귀봉(龜峰) 김수일(金守一)이 1568년(선조 1년)에 창건한 정자로 그 앞의 숲은 1980년대까지 인근의 초등학생들이 소풍을 오기도 했던 곳이다. 하지만 임하댐이 건설되고 주변에 관광농원 등이 들어선 휴양지로 바뀌며 예전의 모습을 찾아 보기 어렵다. 백운정은 의성김 씨 집성촌과 반변천을 사이에 두고 마주하고 있다. 이에 따라 의성김씨 집성촌이 있는 마을은 내앞으로 불렸고 이를 한자로 표현하며 천전(川前)이라는 이름이 붙어 오늘까지 이어지고 있다. 천전리 의성김씨 집성촌 일대는 의성김씨 문중의 유적들이 널리 퍼져 있으며 처음과 끝, 아래 위는 백운정과 선유정으로 모두 청계(靑溪) 김진(金璡)의 유적이다. 백운정 대청마루에 여러 문장이 걸려있는데 그 가운데 단연 김진의 원운(原韻)이 유명하다.

鑿壁開亭翠巘頭　푸른 산머리 절벽 깎아 정자 세운 곳
江山明媚拂人眸　강산도 명미하다 사람 눈길 씻어내네
日臨鏡面魚紋動　한 낮 수면에 물고기 그림자 어른대고
雲掃天心雁字稠　구름 걷힌 하늘에 기러기 떼 날아간다

百里遊歌曾物色　고을 원님 놀이 때 일찍이 물색하니
一區花草亦光休　부근의 화초들도 아름답게 빛나는데
知有樽前無窮樂　술자리에 무궁한 즐거움이 있는 줄 알아
祗恐兒孫醉似劉　자손들이 유령처럼 취할까 두려워라

동악(東嶽) 이안눌(李安訥)도 영해부사로 재임하던 시절 안동을 지나면서 김진의 원운에 차운한 시를 남겼다.

臨河曾過古津頭 임하에서 일찍이 옛 나루 들머리 지나쳤는데
今對兵曹更刮眸 오늘에야 병조 영감을 뵙고 다시 눈을 닦네
樹石摠從家世遠 정자가 오랜 가문을 좇아 내려오는데
風煙偏入品題稠 풍월연파 노래한 시편도 많아라

白雲有扁公將去 백운이라 편액한 정자에 공이 장차 떠나려하니
朱紱無心我欲休 벼슬살이 무심한 나도 따라 쉬고 싶네
安得卜隣成二老 어찌하면 이웃하여 이로될 수 있을까
未容三隱數朱劉 삼은이 못되면 주류라도 좋겠네

백운정을 비롯해 임천서원, 사빈서원, 송석재사 등이 남아있지만 원래 위치에서 옮겨진 게 대부분이다. 특히 임하댐 건설로 수몰된 망천, 송석, 도연폭포 등 경관은 아쉬움을 남기고 있다. 옛날 선유정이 자리하고 있던 곳은 가뭄이 심할 때 가끔씩 수면 위로 드러나기도 한다.

임하댐 수몰 당시 사빈서원과 송석재사 등은 지금의 위치로 옮겨왔고 망천도 몽선각(夢仙閣)을 천전리로 이건하였다. 임천서원은 원래 있던 곳에서 한참 떨어져 지금은 송현동에 위치해 있다. 한편 선유정은 한국전쟁 당시 소실되어 1987년 지금의 위치에 복원되었다.

대개 명승지는 그곳을 아끼고 사랑하던 사람의 흔적 등을 담기 마련이다. 옛날 사람들의 호에 산(山)이나 봉(峰), 천(川), 정(亭), 호(湖) 등이 많은 이유가 그렇다. 구곡이라는 이름은 송나라의 주자(朱子)가 무이정사(武夷精舍) 일대의 절경을 두고 무이구곡(武夷九曲)으로 명명하고 구곡가를 지어 수양의 자취를 읊었던 데서 보편화하였다.

임하구곡은 정자, 재사, 여울, 폭포, 서원 등 인공물 자연이 잘 어울려 있는 명승지다. 구곡문화는 자연과 사람이 하나 되어 학문을 닦고 일상을 떠나 성찰하던 풍류인데 임하구곡이 이 말을 명확하게 보여주고 있다.

안동시는 2017년 도산구곡과 임하구곡 등을 유네스코 세계문화유산에 등재하려는 움직임을 보였다. 한편 안동에는 임하구곡을 비롯해 도산구곡, 퇴계구곡, 하회구곡, 와계구곡, 백담구곡 등 모두 구곡원림 6곳이 있다.

차전놀이

"월사 덜사"

차전놀이는 동채로 벌이는 편싸움 형식 대동놀이로 '차전' '동채싸움'이라고 불렸다.

차전놀이의 기원은 후삼국 시대로 거슬러 올라간다. 후삼국 시대 말에 후백제의 견훤이 고려의 왕건과 자웅을 겨루려고 안동으로 진격해 왔을 때를 유래로 하여 1937년까지 매년 정월 대보름날 강변 백사장이나 벌판 등지에서 거행되었다. 그러던 중 일제가 이를 금지시켰고 1966년 안동농업중고등학교 학생이 본격적으로 연출하며 부활했다. 그로부터 2년 뒤인 1969년 안동차전놀이보급회가 설립되고 차전놀이는 우리나라의 중요무형문화재 24호로 지정되었다.

'월사 덜사'는 안동(당시 고창)지역에서 왕건의 군대와 전투를 하던 견훤이 도망을 가다가 지금의 안동시 상아동 370번지 일대에서 모래밭에 발이 빠지는 등 고전을 겪으며 외친 소리로 전해진다. 차전놀이도 이 영향을 받아 이긴 편이 '월사 덜사'를 외치며 승리를 자축한다.

차전놀이는 두 가지 형태로 전승되는데 하나는 본동채(정동채) 싸움이고 다른 하나는 째기동채(찌깨동채) 싸움이다. 규모에 따라 사용되는 동채가 다른데 본동채는 안동 읍치에서 전승한 대규모 차전놀이에, 째기동채는 안동 읍내 각 마을에서 행하던 소규모 차전놀이에 쓰인다.

동채별로 모양도 다르다. 본동채는 동채가 지게 윗부분처럼 트여있어 상대편 동채와 맞물려 공중으로 치솟거나 돌아가는 등 접전을 펼치기 어렵다. 차전놀이 양상도 동채 앞에 포진해 있는 양편의 머리꾼들이 격돌, 상대진영을 돌파해 완력을 이용해 상대편의 대장을 떨어뜨리거나 상대편의 동채를 끌어내리는 방식으로 싸웠다. 째기동채는 동채끼리 머리를 맞대고 공중전을 펼치기도 하지만 본동채 싸움처럼 상대편의 동채를 끌어내리거나 대장을 떨어뜨리는 방식 등에서 유사성을 띤다.

차전놀이는 안막천(安幕川)을 중심으로 동쪽은 동부편, 서쪽은 서부편으로 나뉘어 진행한다. 가을 추수가 끝나면 각 진영의 원로가 차전놀이를 할지 의논하고 결정 여부를 상대편에 알린다. 차전놀이를 준비하면서 경험이 있고 덕망이 높은 사람들 가운데 대장과 도감을 먼저 추대하고 각 편의 대표자들은 도감을 찾아가 차전놀이에 필요한 경비 등을 부담하기도 한다. 차전놀이가 시작되기 전까지 양편은 수시로 연락하여 의견을 나눈다.

차전놀이는 인력은 대장, 동채꾼, 머리꾼, 놀이꾼으로 나눠진다. 대장은 차전놀이를 총지휘하고 동채꾼은 힘이 센 사람들이 맡는다. 특히 동채꾼은 차전놀이가 끝날 때까지 동채를 떠나지 않는다. 머리꾼은 차전놀이의 가장 핵심 역할을 수행하는 인력으로 "차전놀이는 머리꾼 싸움"이라는 말도 있다. 안동에서 매우 거칠고 용맹한 사람을 "동채 머리"라고 하는 점도 이를 방증한다. 머리꾼은 동채 앞에 배치되어 팔짱을 낀 채 어깨로 상대편을 밀어붙이는 '밀백이'로 상대편을 분산, 격퇴하며 다른 행동은 할 수 없다. '머리꾼들이 밀백이를 하면 발이 둥둥 떠다닌다' '보름날 아침에 먹었던 찰밥이 목구멍을 넘어온다' 같은 표현에서 머리꾼들의 힘이 묘사된다. 한편 놀이꾼은 유격대처럼 각자 동채의 앞뒤에 임의로 가담하는 역할을 한다. 본연의 임무는 양편 접촉 선의 중심으로 포위하고 힘차게 밀어 자신 편의 부상을 방지하는 것이다.

차전놀이의 거행이 결정되면 정월 열나흘부터 보름 오전까지 양편은 떼를 지어 마을을 누빈다. '동부야' '서부야' 등 소리를 지르며 행진을 하다가 편이 갈라지며 서로 밀면서 머리꾼 싸움을 연습하기도 한다.

차전놀이가 시작되는 대보름날이 되면 차전놀이의 장소인 읍성 남문 밖 넓은 공간에 수많은 사람들이 아침부터 끊임없이 몰려들어온다. 각 편은 차전놀이를 준비하다가 오후가 되면 남문 밖으로 이동하고 각 편에 속한 사람들은 '밀어라'를 연신 외치고 분위기가 달아오르며 양편의 동채가 입장하면 차전놀이가 시작된다. 밀백이는 워낙 격렬해서 부상자가 속출하기도 한다.

사람들이 많고 고성과 환호가 뒤섞이는 탓에 동채 위에 올라있는 대장은 수신호로 차전놀이를 지휘한다. 동채꾼은 대장을 잘 볼 수 없기에 앞사람의 움직임을 보고 따라 한다. 서로에게 약점을 보이지 않고 더 나은 자리를 차지하는 과정에서 전후좌우를 가리지 않고 움직이는데 사람들은 이를 보면서 응원을 계속한다. 한쪽이 밀리기 시작하면 머리꾼들은 상대편 동채를 떨어뜨리거나 누르면서 승부를 결정한다. 차전놀이에서 이긴 편은 신고 있던 짚신을 하늘로 던지고 동채를 멘 채 거리를 누비며 승리를 자축한다.

차전놀이는 1600년대 초 권기(權紀)가 편찬한 〈화산지(花山志)〉에서 처음 소개됐다. 이 기록에 따르면 당시 차전놀이는 땅위에서 동채를 이용해 접근전을 펼쳐 승기를 잡은 측이 상대편의 동채를 부수는 방식으로 진행됐을 가능성이 큰 것으로 알려졌다. 이 외에도 1902년 임만휘(林萬彙)의 시집 〈만문유고(晩聞遺稿)〉는 18~19세기 읍외 지역인 임하면 금소리에서 전승된 차전놀이 모습을 담고 있으며, 19세기 전반에 지은 것으로 추정되는 이계수(李啓秀)의 〈차전가(車戰歌)〉는 읍치에서 전승된 차전의 모습을 생생히 묘사했다. 당시 기록 등에 따르면 차전놀이 방식은 대개 상대방의 동채를 누르거나 부수는 경우가 주를 이뤘다.

차전놀이는 출생지를 기준으로 편을 나누는 게 일반적인 대동놀이와 차이점을 보인다. 매년 안동민속축제에서는 차전놀이를 선보여 그 명맥을 이어가고 있다. 특히 2017년 안동대는 개교 70주년을 기념하는 차원에서 대학 구성원 2000여 명이 참여해 역대 최대 규모로 차전놀이를 거행하기도 했다.

32
하계 독립운동 기적비

2004년 10월 7일 경북 안동시 도산면 토계리 도산서원과 불과 300m 남짓 떨어진 하계(下溪)마을 입구에 비석 하나가 세워졌다. 이름은 하계마을독립운동기적비(下溪마을獨立運動紀蹟碑). 이만도(李晩燾), 이중언(李中彦) 등 하계마을의 독립운동가 25명의 충절을 기리기 위한 비석이다. 국비와 지방비, 하계문중 성금 등 4,000여만 원이 쓰인 기적비는 만세를 부르는 양 팔 위에 대리석 비문이 올려져 있고 비석 앞뒤로 '의(義)', '경(敬)'이라는 글자가 크게 새겨져 있다. 크기만 가로세로 각 2×5×3m다.

비문에 "유교부흥을 시도했던 한편에서 좌우분열이 심화되어 조국의 운명처럼 남북상쟁의 시련이 닥쳤다" "하계마을은 물에 잠기고 하계인은 산지사방 떠나야 했지만" 등 글귀로 미루어보아 하계마을의 독립운동은 뒤늦게 조명된 것으로 추정된다.

하계마을이 독립운동의 산실인 이유는 향산 이만도(響山 李晩燾)에서 비롯된다. 이만도는 영남지역의 대표적 항일지도자로 아들과 며느리 등 식솔 8명이 독립운동에 투신하였다. 이만도는 을미사변과 단발령에 항거하여 의병을 일으켰고 한일합방 뒤 24일간 단식을 하다가 순절하였다. 이중언도 단식에 동참해 순절하였다.

하계마을이 배출한 독립운동가는 이 둘에 그치지 않는다. 예안면과 도산면에서 3·1만세운동에 참여한 이동봉(李東鳳), 김락(金洛), 이비호(李丕鎬), 이기호(李琦鎬), 이용호(李用鎬), 이극호(李極鎬), 이호준(李鎬俊)과 파리장서운동을 주도한 이중업(李中業), 대한광복회와 2차유림단 의거를 주도한 이동

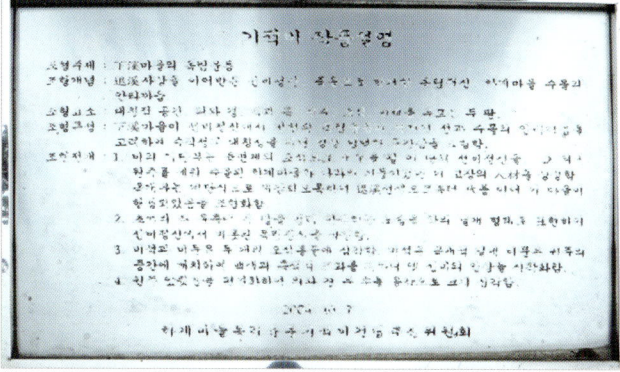

흠(李棟欽), 이종흠(李棕欽), 만주에서 항일운동을 전개한 이원일(李源一), 창씨개명에 반대해 스스로 목숨을 끊은 이현구(李賢求) 등이 일제의 침략에 강력히 저항하였다. 이 가운데 이중업은 이만도의 아들이며 석주 이상룡(石洲 李相龍)의 처제이기도 한 김락은 며느리, 이동흠과 이종흠은 손자다.

한편 2018년 8월 13일 이중업의 옥중서신이 발견되었다. 아들인 이동흠에게 보내는 편지로 내용은 옥중생활의 가혹함과 9월 5일 출옥 뒤 일정이다. 이중업은 아버지인 이만도가 을미의병을 일으키자 안동과 상주, 봉화 등지 장터에 당교격문(唐橋檄文)을 지어 붙여 경북 북부지역에서 독립운동의 저변을 확대하는 데 기여했다.

이렇듯 하계마을은 1910년대 광복회의 주역들을 배출하였고 예안만세운동과 파리장서운동 등 활동에 더불어 청년회와 신간회 안동지회 등에도 마을 청년들이 줄지어 참여하는 등 독립운동에 있어 강직한 성향을 보였다. 그뿐만 아니라 독립운동가를 비롯하여 조선 시대에 문과 급제자 15명을 배출한 곳이다. 참고로 퇴계 이황의 후손 가운데 전체 문과 급제자는 33명이다.

하계마을은 퇴계 이황의 셋째 손자인 동암 이영도(東巖 李詠道)가 터를 열었고 그의 후손들이 450년 동안 이곳의 전통을 유지하여 왔다. 하지만 1975년 안동댐이 건설되며 마을이 수몰, 고택 등은 인근 지역에 옮겨졌다. 일각에선 안동댐의 수위를 몇m만 낮춰 하계마을이 지금도 존재하면 하회마을과는 다른 측면에서 문화적 가치를 창출할 것이라고도 말한다.

관왕묘

서울 동대문구 숭인동에 중국의 명장 관우를 기리는 동묘가 있다. 공식 이름은 동관왕묘로 경북 성주, 전북 남원 등 전국적으로 몇 곳이 존재한다. 중국은 명나라 초기부터 관왕묘를 건립하였고 그 신앙이 서민에게도 전파되었다. 관왕묘는 대체로 적군이 북상하는 통로에 명나라의 장군들이 건립한 것으로 조정도 이를 못마땅하게 여겼으나 다만 유신(儒臣)들을 보내 치제(致祭)케 한 기록이 있다. 지금 안동의 관왕묘는 민속 신앙화하여 일반인들이 관왕의 탄생일인 음력 5월 13일과 기일인 음력 10월 21일을 정제일(正祭日)로 하고 있다.

안동의 관왕묘는 경북 안동시 태화동 서악사 인근에 가옥 형태로 위치해 있다. 1598년(선조 31년) 임진왜란 때 안동에 주둔하였던 명나라 진정영도사 설호신(薛虎臣)이 목성산 기슭에 창건하여 묘 안에 석상을 봉안하였다. 원래 안동부성 서쪽 향교의 맞은편에 있었지만 문묘와 마주 보고 있는 점을 향인들이 꺼리는 탓에 1609년(선조 39년) 지금의 위치로 이건하였고 1904년에 해체 복원하였다. 관왕묘는 1982년 2월 경상북도 민속자료 제30호로 지정되었다.

전국의 관왕묘 가운데 석상이 봉안된 곳은 안동 관왕묘가 유일하다. 당시 안동부사 현몽에 따라 무안왕상(武安王像)을 조성한 것으로 전해진다. 관우상의 왼쪽에 무안왕비(武安王碑)가 세워져 있는데 높이는 180cm 정도이며 비신의 가장자리를 따라 인동당초문(忍冬唐草文)이 음각되어 있다. 전면은 당시 명나라군의 참전 관계기사와 장수 이름 등이 새겨져 있다. 다만 각자가 얕으며 일제강점기에 일본인들이 정으로 훼손한 흔적이 있어 완전한 해독은 불가능한 것으로 알려져 있다.

관왕묘는 경사가 급한 자락에 잡았는데 광감루(曠感樓)를 지나 좌우에 동·서재가 있고 계단을 올라가면 낙동강을 조망할 수 있는 자리가 나온다. 대문으로 오르기 전 좌우에 인왕석상(仁王石像)이 있는데 오른쪽의 인왕상은 금강저(金剛杵)를 들고 있는 모습이다. 인왕상 사이로 대문을 오르면 이 자리에 정문인 무안왕묘(武安王廟)라고 쓴 현판을 달아 놓은 솟을삼문이 있고, 방형 담장으로 둘러싼 구역 안에 정전인 사묘가 있다. 관왕묘에서 삼문으로 남쪽을 내다보면 낙동강이 시가지를 휘감아 유유히 흐르는 모습이 보인다. 그 너머로 높고 낮은 산이 능선을 이뤄 하늘 금을 그리는 전망도 볼 수 있다.

주간 문 얼굴 위에 교창이 설치되어 있다. 창방과 중도리 받침 사이에 화반을 3구씩 설치하고 금모로 단청을 하였다. 건물 내부도 빈틈없이 단청하고 별화와 벽화를 벽면에 그려놓았다. 내부 벽 서쪽으로 삼고초려도(三顧草廬圖)가 동쪽으로 적벽화전도(赤壁畵全圖)가 그려져 있었지만 한국전쟁 때 소실된 것으로 전해지고 있다. 막료들의 소상은 정전 안에 봉안되어 있다. 관우의 소상은 중앙에 화강암으로 만들어 좌고 160cm로 수염이 나 있는 얼굴에 무장의 의상으로 화려하게 채색해 놓았다. 특히 화려하게 채색해 놓은 관우상은 안동의 관왕묘가 유일하다. 한편 이를 기준으로 왼쪽은 왕포(王浦)와 조루(趙累), 오른쪽에 주창(周倉)과 관평(關平)의 입상을 배향하였다.

한편 1908년 대한제국 때 칙령 제50호(향사이정에 관한 건)에 따라 국가가 관왕묘를 관리하지 않게 되었다. 칙령은 기존의 조선 예절이 너무 번잡하여 근본을 잃었다는 점과 유신(維新)을 지향하는 정책에 따라 제실(帝室)과 관련 없는 제사는 궁내부에서 금한다는 게 골자였다. 이에 따라 동묘, 숭의묘, 남묘, 북묘, 지방 관왕묘 제사가 폐지되었다. 숭의묘와 북묘는 국유, 남묘와 지방 관왕묘는 해당 지역의 관청에서 주민들이 신앙에 따라 관리하게 되었다. 서묘는 1909년 동묘에 합사(合祀), 북묘는 1910년에 헐었다. 안동 관왕묘도

특별히 관리하는 사람이 없는 것으로 알려져 있다.

한편 관왕묘를 본 김삿갓은 다음과 같은 시를 남겼다.

관왕묘

古廟幽深白日寒 (고묘유심백일한)
全身復見漢衣冠 (전신복견한의관)
當時未了中原事 (당시미료중원사)
赤土千年不解鞍 (적토천년불해안)

낡은 사당 음산하여 낮에도 서늘한데
전신에 걸친 한나라 의관 옛날과 다름없네
그 당시 중원의 큰일을 못 마치고 죽었으니
천년이 지난 지금도 말안장을 못 풀었도다

34
안동의 효 정려각

권백종 정려각

권백종 정려각은 안동 최초의 효자 정려각인데 안동댐 민속촌에 있다. 권백종은 고려 27대 왕 충숙왕 때 안동에서 태어났으며 벼슬길에 나아가서는 오늘날의 서울 시장격인 한성윤을 역임했다. 부모님이 돌아가시자 산소 곁에서 초막을 짓고 3년간 한 번도 집에 오지 않는 여묘살이를 한 효성이 조정에 알려져 고려 29대 충목왕 원년인 1345년에 정려문이 세워졌다. 하지만 이후 그의 후손들이 단종복위 운동에 연루되어 멸문지화를 당하는 바람에 권백종의 정려각도 갖은 곡절을 겪었다. 와룡면 도곡동에 있던 정려각이 시내에 세워진 것은 숙종 조에 후손들의 신원과 관작이 복권되면서 영조 37년 시내 남문으로 이건 되었다. 그러나 이 비각은 일제 때 다시 지금의 운안동 한숲타운 가는 길로 옮겨졌다가 1889년 운안로 확장 공사로 현재 안동댐 민속촌 내 위치로 이건 되었다.

김자수 정려각

상촌 김자수 정려각 비문은 경상도 관찰사 김노경이 짓고 글씨는 그의 아

들 추사 김정희가 썼는데 안동시 안기동 수정 아파트와 동아아파트 사이에 자리하고 있다. 상촌의 효행은 세종대에 편찬한 동국삼강행실록에 잘 나와 있다. "……어머니가 돌아가시자 3년 여묘살이를 하면서 한 번도 집에 가지 않으면서 날마다 묘 앞에 엎드려 통곡하니 그 슬픔의 지극함이 몸을 상하기에 이르렀다. 이에 왕이 화공에게 출거여도를 그리게 했다. 상촌은 후세 사람들이 효자로 알고 있지만 실은 절명시를 남긴 두문동 충절지사로 더 유명하다. 태종이 그를 형조판서로 임명하여 조정으로 부르자 경기도 광주에 있는 스승 정몽주의 묘소 앞에 이르러 절명시 한 수를 남기고 자결했다. 경주 김 씨인 상촌의 외할아버지는 일직 손 씨 중시조 정평공 손홍량이다.

김시좌 정려각

김시좌는 고려 태사 선평이 후손인데 안동시 풍산읍 상리에 그의 정려각이 있다. 김시좌는 어머님이 살아서 종기로 고생할 때 그 고름을 입으로 다 빨아냈다. 3년 여묘 살이 중에 큰 산불이 나자 온몸으로 부모님 산소를 끌어안고 울었더니 그 자리만 불이 피해갈 만큼 효성이 지극했다. 3년 상

을 마치고도 부모님이 살아 계시는 것처럼 조석으로 사당에 문안 인사를 올렸다. 연산 5년(1540) 그의 효행을 안동부사와 경상도 감사가 조정에 글을 올려 정려각이 세워졌다.

김원명 정려각

김원명의 효 비석은 안동시 태화동에 있다. 김원명의 부모에 대한 효행은 숙종 조 암행어사로 안동에 내려온 농암 김창숙에 의해 조정에 알려졌다. 김창숙은 안동고을에 효행으로 그 이름이 자자한 김원행의 행실이 사실인가를 알아보고자 그의 집에 여러 차례 유숙한 끝에 그를 나라에 천거했다. 그는 부모님이 돌아가시고 3년 여묘 살이 뒤에도 눈비가 오면 부모님 산소를 향해 슬피 울었으며 일흔 넘어서까지 돌아가신 부모님에 대한 효행을 멈추지 않았다.

김성범 모자 정려각

조선 순조 때 사람인 김성범 모자 정려각은 원래 안동시 노하동에 있었다. 집안의 남편이자 아버지인 김전대가 병이 들자 부인과 아들이 온갖 정성을 다해 남편과 아버지를 살려내

고종 29년(1892)에 어머니는 열녀, 아들은 효자 정녀를 받은 특이한 경우다. 정려각은 마을에 큰 길이 나면서 현재 안동시민속박물관 경내로 옮겨졌다.

이천서씨 부인 정려각

이천서씨는 안동인 김창경에게 시집 왔으나 남편이 1년 만에 병사하는 바람에 청상과부가 되었다. 이후 외동아들을 잃은 시부모를 극진히 봉양했으나 차례로 죽음을 맞이하자 예로서 장사 지낸 뒤 식음을 전폐하고 남편과 시부모의 뒤를 따라 목숨을 끊었다. 서 씨 부인의 죽검을 수습한 마을 사람들은 그녀의 행적을 관청에 알려 경상도 관찰사 박기수가 율세동 정려각을 세웠다. 그녀의 정려각은 현재 안동댐 민속촌 경내에 있다.

권성범, 권사도 세효각

권성범과 권사도는 부자지간이다. 이 둘의 세효각은 순조 20년(1820) 그들의 묘소가 있는 남선면 신석리에 세워졌다. 이들 부자가 매일 들리는 부모님 산소를 홍수 때문에 못 가게 되어 슬피 울자 호랑이가 감복하여

그들을 등에 태우고 강을 건넜다는 일화가 전한다. 두 부자 모두 부모님 살아생전은 물론 돌아가신 후에도 지극한 효행이 전국에 알려져 귀감이 된 경우다.

임 효부 정려각

임 효부는 조선조 남편 전윤철에 시집와서 녹전면 신평리에 살았는데 남편을 일찍 여의고 아이들과 시부모를 봉양하며 살았다. 그러던 어느 날 사냥꾼에 몰린 호랑이가 마을로 내려와 시아버지의 다리를 무는 일이 발생했다. 그때 그것을 본 임 효부가 집에 있던 도끼를 들고 달려나와 호랑이의 머리를 내리쳤다. 얼마나 세게 내리쳤는지 호랑이는 그 자리에서 즉사했으나 임 효부도 그만 기력이 다해 죽고 말았다. 임 효부의 용기가 세상에 알려지자 조정에서는 전답을 하사하고 정려각을 세워주었다. 지금도 정려각은 안동시 녹전면에서 원천 가는 도로변에 그대로 서 있다.

*다 싣지 못한 안동의 효 정려각 이야기는 안동 이야기 Ⅲ에 싣겠습니다.

35

길사

길사(吉祀)는 길제(吉祭) 혹은 합제라고도 한다. 유가의 제례 의식인 4대 봉사의 원리에 따라 한 대의 신주를 사당에서 물려 묘소에 묻는 한편 새로운 신주를 사당에 모시는 제사를 통칭하는 말이다. 그런데 언뜻 생각하기로 부조묘가 아닌 조상을 더 이상 모시지 않는 의식을 진행하는 것을 길사라고 하는 것이 조금 이상할 수 있겠으나 이는 전통사회에서조차 조상 모시는 봉사자의 위치를 무겁게 여긴 처사라고 보여진다. 그리고 실질적으로는 평범한 가정의

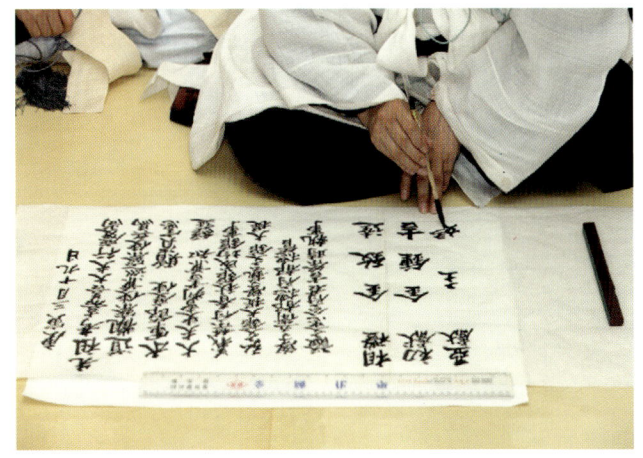

경우 명문가나 종가처럼 4대 조상의 위패를 모실 수 있는 사당을 차릴 수 있는 여건이 되지 않아 길사가 사라진지 오래다. 최근 20년 전후로 안동에서 치러진 길사는 농암종택과 청계공종택 길사와 학봉종택 길사(2010. 5. 2.), 퇴계종택 길사(2011. 4. 24.) 지촌종가 길사(2016. 4. 9)에 이어 2015년 10월 30일 11시. 유네스코 세계유산에 등재된 하회마을 서애(西厓) 류성룡(柳成龍) 선생의 종택(宗宅)인 충효당 대청에서 류창해, 이혜영 씨의 종손 종부 취임식인 길사(吉祀)가 봉행 되었다.

36
안동역

경북 안동시 운흥동 일대는 유독 안동의 대표적인 명소가 여럿 자리 잡고 있는 곳이다. 안동체육관과 탈춤공원 등이 그렇다. 안동터미널이 송현동으로 이전하기 전에도 시외버스와 고속버스는 운흥동에 자리를 잡고 승객을 실어 날랐다. 지금은 홈플러스가 그 자리를 대신한 지 6년 가까이 된 다. 이제 "홈플러스에서 보자" 같은 약속은 시민들의 삶과 아주 가까워졌다. 안동 시내에서도 주요 집결지가 되는 곳이 운흥동이다. 버스터미널이 이전하기 전 서울, 대구, 부산 등에서 오는 승객들은 이곳을 반드시 거쳤다. 버스터미널과 안동역 모두 운흥동에 있었기 때문이다. 운흥동은 안동의 관문이었다. 하지만 안동역만이 시간의 흐름 속에 발을 맞춰왔다.

1930년 10월 15일, 안동역은 경북안동역이라는 이름으로 구 경북선 점촌과 안동역 구간이 개통하면서 영업을 시작했다. 이름도 한 차례 바뀌었다. 1949년 7월, 경북안동역에서 안동역으로 이름이 바뀌었고 그로부터 11년 뒤 비로소 지금 역사의 모습을 갖췄다. 1940년 이곳에 설치된 급수탑은 12각형 구조물로 다른 역의 급수탑이 원형인 것과 형태적 차이를 보여 2003년 1월 28일 등록문화재로 지정되었다.

경북선 종착역이었던 안동역과 경북선의 인연은 그리 오래가지 못했다. 1940년 태평양전쟁 발발과 함께 일제는 부족한 철을 공출할 목적으로 조선의 철도를 하나둘씩 지워냈고 점촌과 안동을 잇던 철길도 사라졌다. 하지만 일제가 지워낸 것은 철도뿐만이 아니었다. 1941년 안동과 영주를 잇는 중앙선이 개통하면서 대한민국 임시정부 초대 국무령 석주 이상룡 선생을 비롯한 독립운동가 11명을 배출한 임청각은 반 토막이 났다. 임청각과 용상동을 연결하던 배가 정착하던 나루터도 역사의 뒤안길로 사라지게 됐다. 시간이 흐르는 동안 안동역은 한자리에서 이어진 역사와 끊어진 역사 모두를 고스란히 맞이할 뿐이었다.

1961년 정부가 경북선을 복원하면서 영암선(지금의 영동선 일부)과 직행할 목적으로 선로를 영주로 이설하는 바람에 경북 북부지역 철도중심지 역할도 영주로 넘어갔다. 지금 안동역은 중앙선 열차와 영동선으로 진출하는 열차가 정차하는 역으로 그 기능을 수행하고 있다. 2층짜리 건물이지만 개찰구를 넘어 왼쪽으로 꺾으면 지하로 플랫폼이 연결돼 있어 승객들은 주로 1층의 편의점과 화장실, 대합실 정도만 이용하고 있다.

안동역 광장 한편에 어른 키보다 조금 큰 시비가 하나 있다. 관광객들이 역사를 빠져나오면 바로 보이는

위치에 있어 '안동역 인증샷'의 단골 손님이다. 내일로 열차를 이용하는 젊은층에게도 안동역에 가면 봐야 할 곳 중 하나로 알려져 있다. 시비는 2008년 트로트 가수 진성이 발표한 '안동역에서'라는 곡의 노랫말을 적어 둔 것인데 2014년 7월 3일 안동역에 설치돼 대중 앞에 모습을 드러냈다. 노래가 발표된 지 6년이 지나서야 대중의 인기를 얻었던 게 배경이었다. 잊혀져가던 노래 한 곡으로 안동역은 단숨에 전국적인 이목을 끌게 됐고 안동시는 시비까지 세워 기념했던 것이다.

"새벽부터 오는 눈이 무릎까지 덮는데/ 안 오는 건지 못 오는 건지 대답 없는 사람아/ 기다리는 내 마음만 녹고 녹는다/ 밤이 깊은 안동역에서"

— 〈안동역에서〉 일부

'안동역에서'는 작사가 김병걸 씨가 당시 안동시로부터 안동사랑 노래 모음집을 만들어달라는 요청을 받고 가사를 붙인 곡이다. 김병걸 씨는 안동농림고(지금의 한국생명과학고)로 안동과 인연을 맺었고 군에 입대하던 전날을 회상하며 노랫말을 만들었다. "첫사랑과 10년 뒤 첫눈이 내리는 날 안동역 앞에서 꼭 다시 만나자고 약속한 철없던 사나이의 기약 없는 순정을 가사로 만들었다"는 그의 말은 기차가 주요 이동수단이었던 세대들의 향수를 자극했다. 안동시는 시비를 필두로 안동역을 아련한 추억과 볼거리가 있는 음악문화콘텐츠로 키워나갈 방침이었다.

하지만 안동역은 몇 년 이내에 그 자체의 상징만 남을 전망이다. 중앙선 복선전철화에 따라 운흥동을 100년 가까이 지키던 안동역의 이전이 예정된 탓이다. 7년 전 운흥동을 떠났던 버스터미널을 따라 안동역이 송현동으로 이전하면 안동역이 있던 자리는 또 다른 공간으로 바뀐다. 하지만 여전히 안동역은 일제부터 지금까지 안동의 역사를 기록하고 노랫말 시비를 내보인 채 운흥동의 변함없는 터줏대감으로 자리 잡고 있다.

37

내방가사

내방가사는 '조선 후기 내방의 부녀자들이 지은 가사문학'을 통칭하는 말이다. 하지만 실질적으로는 안동 지역 양반가 부녀자들이 짓고 향유한 시가와 산문의 중간 형태의 문학 장르라고 정의해도 크게 틀린 말이 아니다. 이제껏 학계에 보고된 작품의 대부분이 안동지역에서 집중적으로 발굴되었을 뿐만 아니라 타 지역이라고 해도 대부분이 안동문화권 출신이거나 안동과 연이 닿아 있기 때문이다. 이 중 몇 개를 소개한다.

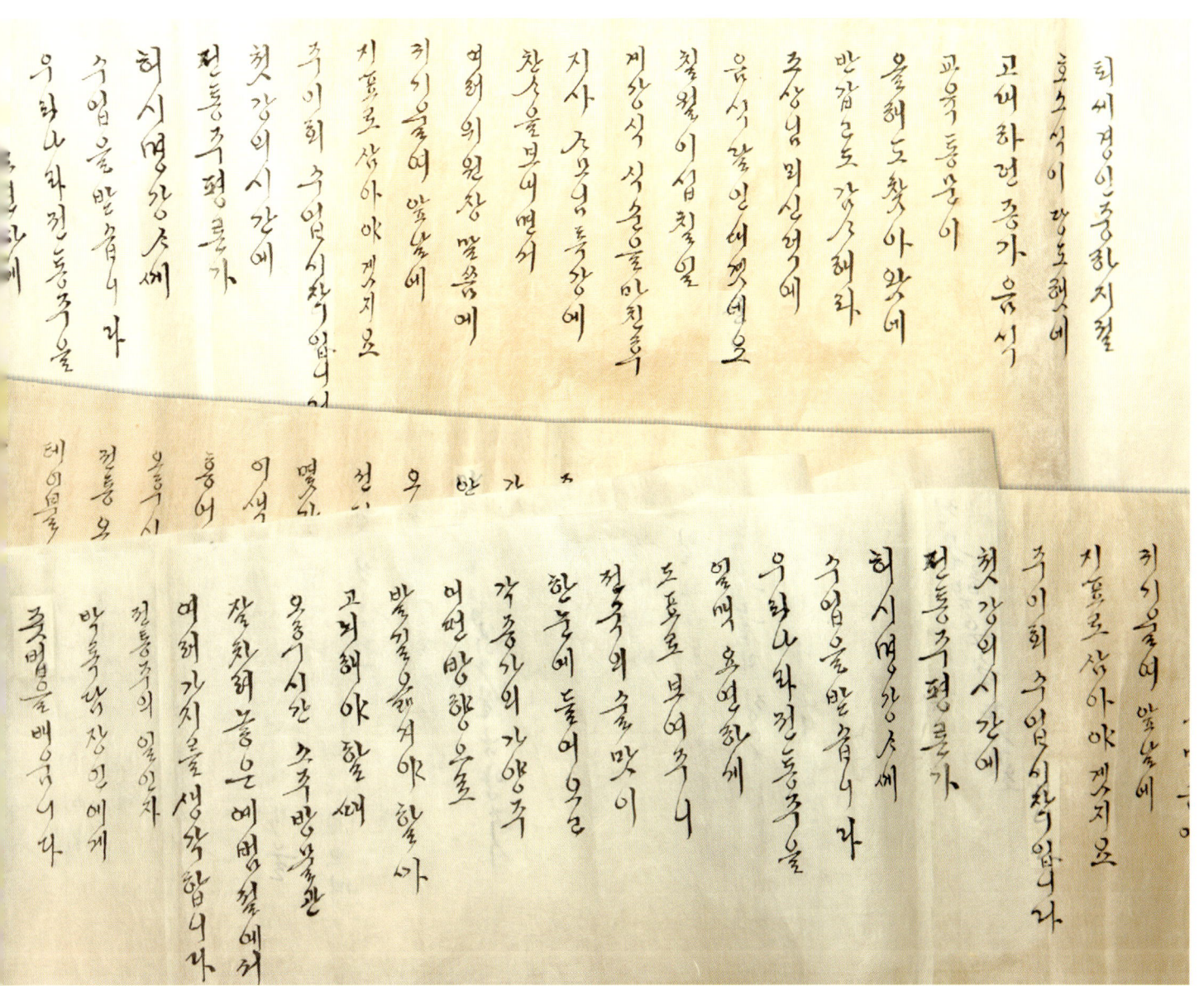

쌍벽가

쌍벽가는 1794년(정조18) 정부인 연안이씨가 58세 때 하회마을 북촌댁에서 맏아들과 큰조카가 동시에 과거에 합격하자 기뻐서 지은 작품이다. 작자가 알려진 가장 오래된 작품인 데다 유려한 문장으로 가사문학의 수작으로 꼽힌다. 전체가 326구로 구성되어 있다.

부여노정기

정부인 연안이씨가 영조~순조(1737~1815) 연간에 지은 작품이다. 내용은 하회에서 부여 관아까지 행차하는 과정과 관아에서의 생활, 남편의 수연 잔치를 읊고 있다. 특히 여행하는 동안 음식, 인물과의 만남, 주위 풍경을 버무려 기행문 형식으로 읊고 있어 규방문학의 수작으로 꼽힌다.

조손별서

임시정부 국무령 이상룡 선생의 부인이었던 김우락 여사가 지은 작품이다. 남편을 따라 독립운동을 위해 서간도로 떠나야 했던 임청각 종부 김 여사가 고국에 남겨두고 온 손녀에게 보낸 총 318구의 편지 형식의 규방가사다. 2019년 국가로부터 국가유공자로 서훈되어 임청각이 배출한 11번째 독립운동가가 되었다.

이씨회심곡

496구의 장편가사인 이씨회향가는 안동 도산 태생으로 이황의 7대손인 세백의 증손녀 이씨 부인이 지었다. 13년 만에 친정에 와서 동기, 친지와 나눈 회포를 작품에 담고 있다. 특히 도산서원 치제의 절차를 기록하고 있어 사료적 가치가 크다.

형제소회가

안동시 임하면 천전리에서 수집되었는데 1900년대 초엽 작품이다. 내용은 어려서 출가한 자신의 처지를 한탄하는 것으로 시작하여 형제간의 정, 형제 별리에 대한 안타까움을 1, 2, 3 단으로 나눠서 술회하고 있다. 총 221구며 음보는 3,4조와 4,4조가 주조를 이루고 있다.

38

퇴계 시판과 현판

선인들은 글씨를 그 사람의 인격과 동일시했다. 즉 글씨가 사람이고 사람이 곧 글씨라고 봤다. 당대 퇴계의 글씨는 그의 엄격한 몸가짐만큼이나 곧고 반듯하여 뭇 사람들이 누구나 소장하고 싶을 만큼 인기가 높았다. 퇴계의 제자 구봉령의 「영정 산인에게 주다(贈永貞山人)」라는 시를 살펴보면 당시 승려들 사이에서 퇴계 선생의 글을 받는 것을 가장 중요하게 여긴 정황이 드러난다. 구봉령은 이를 두고 이 시의 말미에 "승려들은 반드시 먼저 퇴계 선생의 묘필을 받들고 뒤에 뛰어난 것들을 구하여 이어 쓴다. 그런데 영정승려만이 미치지 못했다. 그 모습과 말이 매우 슬펐기 때문에 그 생각이 넘쳐난 것이라(산인배필선봉 퇴계선생묘필 후요제승갱제 이정독무급 기색사심창 고설기사운 山人輩必先捧退溪先生妙筆 後邀諸勝虜題 而貞獨無及 其色辭甚愴 故洩其思云)"고 한 것에서 알 수 있다.

현재의 퇴계의 시판과 현판의 게첨 여부는 일일이 다 확인하기 어려울 정도로 많은 곳에 걸려 있다. 다큐멘터리 〈선비 절에 가다〉 촬영을 위해 확인한 것만도 수십 곳이었다. 진주 청곡사, 안동 봉정사 입구의 명옥대 시판과 송암 권호문의 구택인 관물당 기문은 지금도 걸려 있다. 그 외 경남 거창 사락정, 광주 광산구 풍영정, 경북 영주의 금양정사, 봉화의 두릉서당

에도 퇴계의 시판이 있다. 소수서원에는 주세붕의 시를 차운한 퇴계의 시판이 걸려 있다. 안동지역에는 퇴계 당시 시를 서로 주고받았던 제자 집안에서 시판이 많이 보관되어 있다. 월천종택과 성재종택, 농암종택에 보관되어 있던 퇴계 시판은 현재 한국국학진흥원에 기탁 보관되고 있다. 도산서원 소장의 도산십이곡 시판과 매화 시판 그리고 도산의 빼어난 경치 여섯 곳(광뢰, 고세대, 천사택, 갈선대, 왕모성, 단사곡)을 노래한 잡영 시판 또한 한국국학진흥원에 기탁되어 있다.

현판은 시판보다 훨씬 많다. 백운정 주사로 들어가는 중문인 조양문(朝陽門)과 동서 주사로 들어가는 마루 동편에 걸려 있는 편액 이요문(二樂門)도 퇴계의 글씨다. 1558년(명종 13) 배상익이 건립한 흥해배씨 임연재 종택의 임연재 당호와 성재 종택의 성재 당호 또한 퇴계의 글씨다. 월천서당 편액과 금응석(1508~1583)의 종선정, 정종소의 영훈정은 퇴계가 직접 이름 짓고 글씨까지 써 현판을 달아 준 것이다.

시사단

시사단은 경북 안동시 도산면 의촌리에 있는 단(壇)으로 비와 비각 등으로 구성되어 있다. 건립 시기는 1796년(정조 20년)으로 지방별과(地方別科)를 보던 자리를 기념하기 위해 세워졌다. 정조는 1792년 퇴계 이황의 유덕(遺德)을 추모하여 이조판서 관원 이만수(官員 李晩秀)를 도산서원으로 보내 과거를 시행하게 하였다. 이만수는 임금의 제문으로 제사를 지냈고 다음 날 바로 과거를 보게 하였는데 응시자가 7천 명에 달했다고 전해진다. 이날 응시한 유생들은 지역과 나이를 구분하지 않았다. 과거를 포기한 사람들까지 모여들었고 정조는 이들의 답안지를 손수 채점하였다. 1등과 2등은 곧바로 전시(殿試)에 응시할 수 있는 자격을 부여하였다. 당시 강세백이 장원급제하였고 그 뒤 춘추관 편수관 등을 지냈다. 이 시험이 도산별과(陶山別科)의 시초다.

도산별과는 문과 2명, 진사 2명, 초시 7명, 상격(賞格) 14명을 선발하였다. 지방에서 유일하게 치른 별과 시험으로 안동지역의 우수한 인재를 선발하는 것이 목적이었다. 요즘으로 치면 특별채용과 비슷하며 정조 때에도 퇴계 이황의 학문적 영향력이 얼마나 컸는지를 잘 보여주고 있다. 안동시와 안동문화원 등은 2013년부터 매년 음력 3월 25일에 맞춰 도산별과를 재현하고 있다. 그전까지는 도산별과 형식을 빌린 한시백일장이 여러 차례 열렸다. 도산별과가 있는 날이면 안동지역을 비롯한 전국 각지에서 모여든 유림과 문장가들이 시제를 놓고 평생 갈고 닦은 문장력을 뽐낸다. 이들은 모두 두루마기와 갓 등 복장을 갖추고 돋보기안경 너머 시제를 보며 열심히 손을 놀리는데 답안을 적는 붓놀림 등이 예사롭지 않아 지켜보는 이들에게 진풍경을 선사한다.

시사단은 널찍한 자연석 돌림상단 위에 세워져 있다. 원래 설단(設壇)만 있었고 석비는 그 후 1796년(정조 20년)에 세워졌다. 비문은 당시 영의정이었던 번암 채제공(樊巖 蔡濟恭)이 썼으며 1824년 (순조 24년) 비각을 개축

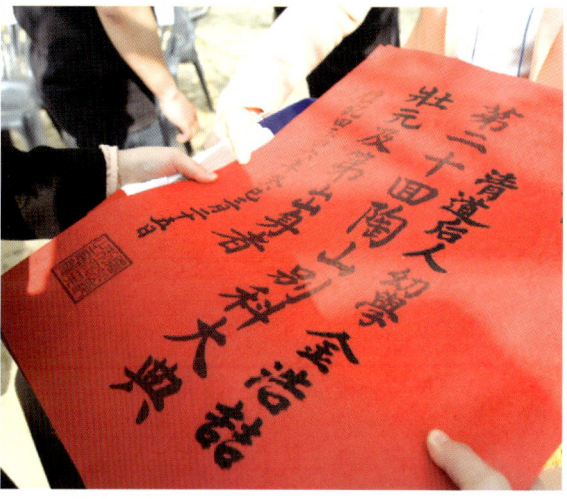

하며 비석을 새로 새겼다. 비각은 초공(草工)과 화반(花盤)이 매우 화려하게 새겨진 4면 단칸 팔작집으로 중방(中枋) 아래는 모두 판벽(板壁)이 돌려 막고 있어 비바람을 막고 있다. 팔각 활주(滑柱)는 겹처마의 사면 추녀 아래에 세워져 있어 건실한 구성을 보여주고 있다. 한편 시사단 내부는 도리 위에 아치 모양으로 장식된 보가 걸려있고 그 사이 천장은 장방구(長方區) 소란반자로 치장되어 있다.

시사단의 원래 비각은 도산서원과 마주한 소나무 숲 안에 세워져 있었는데 1974년 안동댐이 건설되며 이 숲은 사라졌다. 지금 시사단은 지상 10m 높이에 단을 쌓아 예전의 비와 건물 등을 그대로 옮긴 것이다. 도산서원 입구에 서면 강 건너 홀로 우뚝 솟아 있는 시사단을 볼 수 있다.

시사단은 1973년 8월 31일 경상북도 유형문화재 제33호로 지정되었고 지금은 도산서원이 소유, 관리하고 있다.

40
석빙고

석빙고는 얼음을 저장하던 창고로 겨울에 강 등에서 채취한 얼음을 보관해두었다가 여름에 꺼내 쓰는 옛날식 냉장고다. 조선은 건국 초부터 장빙제도(藏氷制度)를 두었고 빙고(氷庫)라는 직제를 편성하여 석빙고를 관리하였다. 이 제도는 고종 때까지 계속되었다.

석빙고를 목재로 만들기도 하였지만 내구성 때문에 현존하는 것은 대부분이 화강암 등 바위로 만든 것이며 강가에서 그리 멀지 않은 곳에 축조하였다. 축조방식이나 규모도 크게 다르지 않다. 대개 지하 깊이 굴을 파고 안벽을 석재로 쌓아 올린 뒤 바닥은 장방형으로 경사지게 만들었다. 바닥에 배수구도 만들어 녹아내린 물이 흘러갈 수 있게 하고 천장은 돌로 홍예(虹霓)를 연결하여 활이나 반달처럼 굽은 모양을 형성하였다. 사이사이에 환기 구멍을 내어 공기가 순환하도록 해 놓은 게 전형적인 석빙고의 내부 모습이다. 반면 외부는 대개 천장 위로 흙을 덮고 잔디를 입혀놓아 때때로 큼직한 무덤으로 오인하기도 한다. 석빙고 대부분은 그 옆에 축조연기(築造緣記)를 새겨놓은 석비(石碑)가 있어 관계자와 건설연도 등을 파악할 수 있다. 현존하는 석빙고 대부분은 18세기 초에 축조되었다.

안동의 석빙고는 1기로 경북 안동시 성곡동 안동시립민속박물관 야외

민속촌 안에 위치해 있다. 1737년(영조 13년)에 축조된 석빙고는 길이 12.5m, 너비 6.1m, 높이 5.4m로 그렇게 큰 규모는 아니다. 화강석으로 조성되었고 1963년 1월 보물 제305호로 지정되었다. 안동에 석빙고가 들어선 가장 큰 배경은 은어다. 임금에게 먼저 진상하고 나서야 일반 백성이 먹을 수 있었을 정도로 은어는 유독 임금이 자주 찾는 민물고기였다. 다만 은어의 산란기는 7월, 한여름이었기 때문에 수라상에 오를 때까지 신선도를 유지하는 것이 관건이었다. 당시 낙동강 앞에서 많이 잡히던 은어를 임금에게 진상할 때 신선도를 유지하려는 목적으로 축조되었다. 석빙고가 들어선 뒤 은어뿐만 아니라 안동지역의 내로라하는 진상품 등도 여름철 운송에 신선도를 유지할 수 있게 되었다.

안동 석빙고는 애당초 경북 안동군 도산면 서부리 청량산 인근 산기슭에 있었다. 『선성지(宣城誌)』에 따르면 조선 영조 때 이매신(李梅臣)이 예안현감으로 부임하여 3년간 재임하던 중 녹봉을 털어 석빙고를 지어 매년 수리하는 노고를 덜었다. 당시 석빙고는 산기슭에서 남북으로 길게 축조되었는데 입구를 북쪽으로 내어둔 것이 특이점이다. 흙을 덮어 놓은 모습도 겉보기에 거대한 고분과 흡사하였다. 내부에 계단을 지나면 중앙에 물이 강으로 흐르게 배수로를 만들어놓고 홍예 4개가 천장을 지탱하고 있었다. 천장 3곳에 환기 구멍도 있어 내부 기온을 조절하였다. 그러던 중 1976년 안동댐 건설로 수몰될 위기에 처하자 본래 위치보다 높은 현재 위치로 이전하여 현재까지도 보존 상태가 양호하다.

석빙고와 관련한 행사로 장빙행사가 있는데 여름철 안동에서 잡힌 임금 진상용 은어를 보존하기 위한 얼음을 겨울에 미리 낙동강에서 채빙하여 저장하는 과정을 고증으로 재현한 것이다. 전통 얼음톱을 이용한 얼음 자르기, 소달구지와 목도 등으로 얼음 나르기, 장빙고사, 석빙고에 얼음 채워 넣기 등 순서다. 길이가 1.5m 정도 되는 전통 얼음톱은 반달 모양으로 양 끝에서 성인 두 명이 밀고 당기며 균일한 크기와 모양으로 얼음을 자른다. 자른 얼음은 목도로 들어 올리고 우물 정(井)자 모양으로 배치하여 쌓아둔다. 여기까지가 채빙 과정이며 얼음이 쌓이면 소달구지에 얼음을 싣고 운반을 시작한다. 풍물패가 가락을 울리면 얼음을 실은 소달구지가 출발하여 석빙고까지 도달한다. 석빙고에 도달하면 장빙 네 명이 한 조를 이루어 얼음을 석빙고 안으로 나른다. 이때 얼음이 붙거나 녹지 않게 얼음 사이사이에 왕겨와 짚 등을 채워 넣는다. 단열과 단광 효과 등으로 여름철에도 석빙고 안은 기온이 0도 정도에 머물렀던 것으로 전해진다. 특히 안동 석빙고는 장빙제가 있을 때만 개방하기에 이때가 석빙고 내부를 자세히 들여다볼 수 있는 유일한 기회로 많은 사람들이 찾는다. 안동지역은 음력 12월에 얼음을 떠서 석빙고에 넣을 때 장빙제, 춘분에 석빙고 문을 열 때 개빙제(開氷祭)를 지냈는데 이를 통틀어 사한제(司寒祭)라고 부른다.

장빙제는 석빙고가 축조된 이후부터 시작되었고 매년 소한과 대한 사이에 열리다가 20세기 초에 중단되다가 2003년 안동석빙고보존회의 장빙제 재현행사로 부활했다.

석빙고와 관련하여 빙고청상(氷庫靑孀)이라는 말이 있다. 이 말은 한겨울에 강에서 두꺼운 얼음을 채취해 운반하는 작업이 워낙 혹독하여 겨울만 되면 장정들이 집을 나가버리는 점에 비유하여 노역을 피해 도망간 남편을 기다리는 어린 부인을 뜻한다. 겨울철 얼음 채취에 동원되어 희생된 남편의 젊은 처자를 일컫는 등 대동소이한 의미를 담고 있다.

한편 안동 석빙고 주변으로 신성현 객사와 드라마 촬영장, 월영교 등 관광명소가 있어 월영교 공영 주차장에서 출발해 월영교를 건너 민속촌으로 거니는 코스가 자연스레 형성되었다. 개목나루와 안동시립민속박물관, 이육사 시비 등도 인근에 위치해 있어 1km 길이 내외를 도보로 이동하면서 갖가지 관광명소를 볼 수 있다.

41
가송리 동제

동제는 정월 대보름과 단오에 마을을 지켜주는 동신에게 마을 사람들이 공동으로 기원하는 제의로 가송리 동제는 경북 안동시 도산면 가송리에서 전해지는 풍물굿형 동제다. 이곳의 동제는 풍물을 앞세우고 전체 주민이 참여한다는 점에서 다른 지역과 차이를 보인다. 제당으로 산신각과 부인당을 두고 있다. 산신각은 이 마을의 주산인 이치봉의 산신령을 모시고 부인당은 공민왕의 딸을 모시는 곳이다. 부인당이라는 이름은 여신을 모시기에 붙었다. 부인은 산신령보다 높은 존재로 인식된다. 공민왕 혹은 부인이 호랑이(산신령)를 타고 다녔던 이유다. 산신각은 오른쪽, 부인당은 왼쪽에 위치하여 있고 모두 맞배지붕 목조기와집이다.

부인당 내부 벽에 '부인의 옷'으로 불리는 치마저고리 수십 벌이 걸려있다. 마을 주민과 출향민들이 서낭님께 정성을 바치려 올린 것이고 이 옷은 서낭신의 신체(神體)가 되기에 별도로 위패나 신위 등은 없다. 산신각 안에는 산신령이 동자를 거느린 채 호랑이를 타고 있는 그림이 걸려 있다. 그림 아래에 선반이 가로로 놓여 있어 그 위에 제물을 올린다. 부인당과 산신각 모두 3.3㎡가 채 되지 않는다.

당주 한 명과 유사 헌관 다수 등이 구성되어 제관이 된다. 당주는 동제를 주재자로 정월동제와 단오동제를 주관한다. 제사에 필요한 풍물 등 도구를 보관하며 동답을 관리한다. 제관은 65세 이상으로 제사에 참여만 하고 다른 역할은 없다. 65세 이상이어야 하며 누가 봐도 단정한 사람이면 제관이 될 수 있다.

애당초 가송리 마을은 서낭대를 내려 당주를 뽑았다. 주민들은 정월 초이튿날 아침에 부인당에 모여 내림을 받는데 이때 신기가 있는 사람이 경을 읽고 "서낭님 어느 집으로 가면 좋겠습니까?"라고 신을 청한다. 그러면 대가 저절로 움직여 당주가 될 집으로 찾아가 한 집 앞에 멈춘다. 집주인은 서낭대를 맞이하고 그 앞에 쌀 그릇을 올린 소반을 놓고 절을 한다. 절이 끝나면 구경꾼과 풍물패 등에게 술과 음식 등을 대접하며 잔치를 벌인다.

하지만 1990년대 말부터 마을은 회의로 당주를 뽑았다. 서낭대를 내리지 않게 된 것이다. 2005년, 호주들은 초이튿날 오전 10시 마을회관에 모여 당주를 뽑았고 당주는 선정된 날부터 금기에 들어가고 매일 아침저녁으로 부인당에 가서 서낭님께 인사를 드린다. 서낭님께 인사를 드리는 것을 '사관을 드린다'고 표현한다. 당주는 외출할 때에도 서낭님께 "어디 어디에 갑니다"라고 고해야 한다. 자신의 집 대문 양쪽에 소나무를 세우고 금줄을 친 뒤 집부터 당까지 이어지는 길 양편으로 황토를 뿌린다.

동제에 필요한 비용은 다양한 방식으로 충당한다. 마을의 공유재산으로 밭과 논이 각 1000·660㎡ 있었지만 밭 330㎡만 당주가 부친다. 당주는 동답을 경작하는 대가로 나락이나 쌀 일정량을 마을에 내어놓아 제비로 쓰게 하였다. 하지만 지금은 그렇게 하지 않는다. 풍물패는 가가호호를 방문해 지신밟기를 하며 쌀 등 곡식을 거두어 제비에 충당하기도 한다.

마을에 서낭계가 조직되어 동제를 전승한다. 2000년 이전까지만 해도 당주 한 명과 유사 두 명 등 세 명을 주축으로 서낭계가 운영되었다. 동회에서 계갈이를 할 때는 전년도의 수입과 지출 내역보고에 이어 대출금의 원금과 이자 결산, 당 보수에 대한 의논 등을 하고 새로운 유사를 선출하였다. 지금은 당주가 서낭계의 재산과 문서 등을 관리한다.

지금 서낭계는 상여계와 함께 운영된다. 마을은 1985년, 재정을 보다 효과적으로 운영할 방편으로 서낭계, 상여계, 배계를 통합하였지만 새로운 다리가 생기며 배계는 사라졌다. 서낭계와 상여계도 1992년에 각각 분리되었다.

흉사에서 나온 재원으로 서낭님을 깨끗하게 모실 수 없다는 판단이 이유였다. 하지만 2000년이 되기 전 서낭계와 상여계는 다시 통합되었는데 서낭계의 경비부족이 원인이었다. 마을 사람들은 흉사의 재정이라도 서낭님을 모시는 곳에 쓰자는 의견을 따랐다.

산신당보다 부인당에 더 많은 제물이 올라간다. 부인당의 제물은 메, 미역국, 명태탕, 백설기, 고등어, 밤, 감, 배, 탁주 등으로 나물은 쓰지 않고 고등어와 미역은 반드시 제장에서 불에 익혀 올린다. 제물을 사려 장을 보는 일은 당주의 몫이다. 당주는 정월 열나흗날 새벽에 안동 신시장에 가서 과일과 술 등을 사 온다. 가격을 흥정하지 않으며 다른 사람과 잡담을 나누지 않는 게 특징이다.

도산면사무소 인근의 떡집에 쌀을 맡겨놓았다가 돌아오는 길에 떡을 찾아오는데 떡에 들어가는 조미료는 없다. 제주로 탁주를 사서 쓰는데 그전에는 입재일 2~3일 전에 당주가 직접 빚은 것을 썼다. 이렇게 당주가 제물을 사 오면 당주의 부인이 조리한다. 한편 당주는 제물을 사 온 뒤 당을 청소하고 땔나무를 마련하는 등 당제를 준비한다.

정월 열나흗날 오후 6시쯤 당주는 저녁 식사 이후 목욕을 하고 의관을 정제한다. 2시간 정도 뒤 풍물패와 제관은 당주의 집에 모여 술을 마시고 이야기를 나누다가 마당에서 한바탕 풍물놀이를 한다. 그러다가 9시 20분이 되면 제물을 실은 차가 먼저 출발하고 풍물패와 제관은 질매구를 치고 따라가며 단수치기를 한다. 단수치기는 예전 당이 있던 곳과 수구맥이 쪽을 바라보며 "서낭당 서낭당 서낭서낭 서낭당"이라고 소리를 내며 가락을 치고 세 번 절하는 것이다.

당에 도착하면 풍물패는 원을 그리며 풍물을 치는 한편 다른 쪽에서는 불을 지펴 고등어 등을 굽는다. 제물이 익으면 산신각보다 부인당에 먼저 진설한다. 양 당에 차린 제물의 양은 다소 차이가 있으나 방식은 같다. 진설이 끝나면 바로 부정치기를 한다. 부정치기는 솔잎뭉치에 물을 묻히고 이를 당 주변에 뿌리면서 잡귀를 물리치는 것이다.

10시가 조금 넘으면 제사를 올리기 시작한다. 당주가 먼저 꿇어 앉아 부인당과 산신각에 제주를 각각 세 잔, 한 잔씩 올리고 침례자 일동은 사배를 한다. 그리고 당의 문을 닫고 신들이 음식을 드시도록 둔다. 그동안 진법치기를 하는데 진법치기는 풍물패와 제관이 미지기진과 원진을 펼치며 윗마당과 아랫마당을 오르내리는 것이다. '삼삼진법' 혹은 '삼삼구배'라고 해서 아홉 번을 오르내리는 게 원칙이지만 경우에 따라 횟수가 줄어들기도 한다.

풍물패는 꽹과리 네 명, 북 한 명, 징 세 명, 소고 두 명으로 구성되며 빠르고 원진을 지을 때 흥겨운 삼채와 휘모리 장단을 친다. 미지기진 때는 굿거리장단을 치는 등 진법치기를 한다. 진법치기가 끝나면 소지를 순서대로 올린다. 순서는 서낭소지를 처음으로 하여 산신소지, 대동소지, 우마소지, 자동차소지, 당주소지, 호구소지, 침례자소지를 마지막으로 한다. 침례자소지는 연장자, 이장, 일반인 순이다. 출향민들이 소지를 올리려 찾아오기도 하며 소지올리기가 끝나면 음복을 한다.

거리당제는 '일곱 골짜기의 잡귀를 대접하여 초군들이 나무 등을 하러 갈 때 잘 보살펴 달라'는 의미로 지내는 제사로 자정쯤부터 시작된다. 느티나무 앞에 술 일곱 잔과 백찜 조각 스무 개 정도를 올린 상을 차린다. 제관은 상 앞에서 골짜기 방향으로 주문을 외우며 칼끝이 골짜기 방향을 향할 때까지 계속 던진다. 칼끝이 골짜기 방향으로 향하면 그제서야 술을 뿌리고 잔을 상위에 엎어두고 이어 제관들의 재배, 당주가 삼배하면 거리당제를 마친다. 이를 마지막으로 모든 동제는 끝난다.

가송리 동제는 전형적인 풍물굿형 동제로 처음부터 끝까지 풍물과 함께 진행된다. 서낭님이 풍물을 좋아하기 때문이라는 게 주민들의 의견이다. 진법치기 등은 경상도 풍물의 고형을 잘 간직하고 있다.

가송리 동제는 청량산 인근에서 공민왕계 신을 모시는 신앙 현상 중 하나인데 청량산 꼭대기에 좌정한 공민왕을 중심으로 하여 공민왕의 어머니, 부인, 딸, 사위 등 청량산 일대 스무 곳 정도 마을에서 동신으로 모시고 있다. 이 중 산성마을과 내살미, 가송리가 핵심 지역이다. 특히 가송리의 신은 공민왕과 사이가 각별한 딸로 인식하여 1980년대까지도 공민왕에게 새배를 드리러간 것으로 알려진다. 건립으로 공민왕계 신을 모시는 다른 마을과도 이루어지며 종교적·일상적 유대를 지속·강화하는 계기가 된 것으로 추정한다.

한편 안동시 예안면 부포리와 도촌리 등에서도 공민왕 신앙이 전승되었으나 지금 단절되었다.

42

관계례

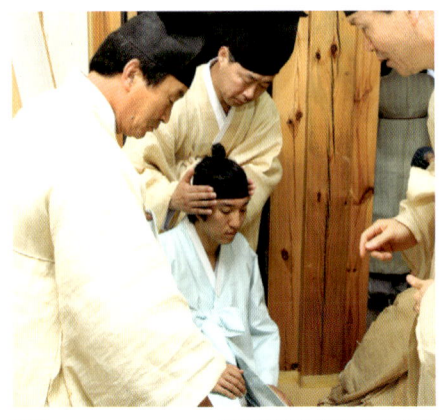

관계례는 쉽게 말해 '성년식(成年式)'이다. 남자와 여자가 일정한 나이가 되었을 때 성년이 되어 치르는 의식으로 관례(冠禮)와 계례(笄禮)로 나누어진다. 관례는 남자가 대개 20세쯤 되었을 때 머리에 갓을 쓰는 의식이다. 우리 조상들은 부모로부터 물려받아 불감훼상(不敢毁傷)을 효의 시작으로 보았고 성인이 되면 댕기를 풀고 상투를 틀었다. 여자는 남자와 달리 상투를 틀거나 두건을 쓰지 않고 대신 비녀를 꽂았는데 이를 두고 계례라고 한다.

관례는 전통사회에서 남자들의 성년식으로 관혼상제(冠婚喪祭) 중 한 의식으로 소년기에서 청년기로 접어드는 나이에 치르는 풍습은 세계 각국의 다양한 민족 사이에서도 볼 수 있는 보편적인 의식이다. 특히 관례는 관혼상제 가운데에서도 가장 첫머리에 자리해 상당히 중요하게 여겼다. 우리나라는 일제 침략으로 단발령이 내려진 뒤 전통관례가 유명무실하게 되었고 이는 해방된 뒤까지도 이어졌다. 그러던 중 1973년 정부에서 '성년의 날'을 제정, 만 20세가 되는 사람에게 그 의식을 심어주고 있다.

하지만 본래 관례는 유교적 예교(禮敎)에서 비롯되었으며 기록에 따르면 고려 시대 때 이미 시행하였다. 주로 왕가(王家)와 사대부(士大夫) 등 기득권층에서 실시하였지만 조선 시대에 퇴계 선생 등 우리나라의 학자들은 자세하게 의식 절차 등을 검토하였고 주자학(朱子學)의 영향을 받아 주자가례(朱子家禮)를 바탕으로 서민들에게 퍼져 나갔다.

관례는 준비부터 마무리까지 10단계로 진행된다. 준비단계라고 볼 수 있는 시기(時期), 계빈(戒賓), 고우사당(告于祠堂), 진설(陳設) 이다. 시기는 15세부터 20세 사이 정월달 중 날을 정하는 것이고 어른을 빈(賓)으로 모시는 계빈, 3일 전 조상의 위패를 모신 사당에 아뢰는 고우사당, 관계례의 장소를 정하고 기구를 배설(配設)하는 진설로 이어진다. 준비가 다 되면 시가(始加), 재가(再加), 삼가(三加), 초례(醮禮), 관자(冠字) 등으로 관례가 시작되며 현우존장(見于尊長)으로 끝난다. 한편 계례는 준비단계가 같지만 합발(合髮), 가계(加笄), 초례(醮禮), 계자(笄字) 등으로 명칭에 다소 차이가 있다. 남자가 상투를 트는 반면 여자는 머리를 올려 쪽을 짜고 비녀를 꽂

는 등 행위가 다르기 때문이다.

관례는 크게 가례(加禮), 초례(醮禮) 자관자례(字冠者禮) 등 세 부분으로 나뉘는데 가례는 상투를 틀어 모자를 쓰고 옷을 갈아입는 의례로 분리의례(分離儀禮)다. 초례는 술로 예를 행하는 것으로 경과의례(經過儀禮)이자 정화의례(淨化儀禮)다. 자관자례는 관례자에게 자(字)를 주며 성인이 되었음을 상징하는 통합의례(統合儀禮)다.

일본은 지금도 세간에서 관례 등을 행하고 있지만 우리나라는 명맥을 찾기 다소 어려운 실정이다. 이 바탕을 두고 과거에는 일제강점기와 산업화 등을 꼽았지만 지금에 와서는 실용적인 측면이 더 커 보인다.

안동의 관계례는 안동청년유도회와 안동문화원 등은 '온고이지신(溫故而知新)' 정신으로 매년 성인의 날 즈음에 경북 안동시 북문동 태사묘에서 관례 등을 시행한다. 한편 안동대학교 동양철학과도 매년 성년의 날에 경북 안동시 송천동 안동대학교 내 역동서원에서 관계례를 행한다.

관계례로 달라지는 것은 대접인데 그에 따른 언행 등이 수반한다. 첫째로 말씨가 낮춤말(~해라)에서 보통말씨(~하게)로 바뀌고 아명(兒名)을 벗어나 자(字)나 당호(堂號) 등으로 부르게 된다. 절을 하는 것도 어른에게 절을 하면 어른이 앉아서 받았지만 관계례 뒤에는 답배를 하게 된다.

43

신세동 7층 전탑

　중앙선 열차를 타고 하행하는 길에 안동역 인근까지 도달하면 왼쪽으로 안동댐이 있고 오른쪽으로 임청각과 신세동 7층 전탑이 보인다. 신세동 7층 전탑은 경북 안동시 법흥동 8-1번지에 위치하고 있는 국보 제16호로 1962년 12월 20일에 지정되었으며 정확한 이름은 안동 법흥사지 칠층전탑(安東 法興寺址 七層塼塔)이다. 당시 인근 동네인 신세동이라는 명칭을 잘못 붙이는 바람에 신세동 7층 전탑으로 불리고 있다.

　〈신동국여지승람(新增東國輿地勝覽)〉과 〈영가지(永嘉誌)〉에 기술된 '부동오리(府東五里)'에 있다는 '법흥사 전탑(法興寺塼塔)' 등으로 미루어 봤을 때, 통일신라시대(남북국시대) 때 창건되었다는 법흥사에 세워진 전탑으로 추정된다. 고려 말이던 1381년(우왕 7년) 중수되었고 1487년(성종 18년)에 개축된 적이 있다. 봄이나 여름처럼 기온이 올라가면 벽돌 사이사이로 풀이 자라기도 한다.

　전탑은 흙으로 벽돌을 만들어 쌓아 올린 탑이다. 탑의 모습을 보면 1단의 기단(基壇)을 아래로 하고 탑신을 7층까지 쌓은 것을 볼 수 있다. 각 기단의 면은 화강암을 조각한 사천왕상(四天王像)과 8부중상(八部衆像)을 세워놓았다. 기단 남쪽 면은 계단을 설치, 초층 몸돌에 만들어 둔 감실(龕室 : 불상을 모셔놓은 방)을 향하도록 되어있다. 탑신은 민무늬에 짙은 회색 벽돌로 쌓아 올렸고 지붕돌은 위아래 모두 계단 모양으로 층단을 이루고 있는 일반적인 전탑과 달리 윗면에 남은 흔적으로 추정, 기와를 얹었던 것으로 보인다.

　다만 기단 윗면에 시멘트를 발라놓아 다소 아쉬움을 남기지만 7층까지 쌓아둔 층수와 높이 17m, 기단 너

비 7.75m로 거대한 탑이지만 상당히 안정한 자태를 유지하고 있다. 구체적인 구조는 탑신부가 각 층을 길이·너비·두께 각 28×14×6cm짜리 전돌로 쌓은 형태다. 내부는 위를 방추 모양으로 줄여 1면 48cm짜리 방형 구멍이 정상에 뚫려있어 찰주공(擦柱孔)으로 보인다는 분석도 있다. 2층 옥신은 초층 옥신의 높이보다 25% 정도 높이가 줄어있을 뿐 3층 위로 체감률은 크지 않아 안정감을 더한다.

옥개석(屋蓋石)은 전탑 특유의 형태로 처마 상하에 층단이 나타난다. 처마는 수평이고 각 층옥개 너비는 석탑에 비해 감축되었다. 밑의 받침 수는 초층부터 9~3단이고 옥개 윗면 층단 수는 초층부터 12~5단이다. 높은 층으로 갈수록 차츰 체감된 것이다.

전탑의 상륜부(相輪部)는 지금 노반(露盤)만 남아 있지만 〈영가지(永嘉誌)〉에 기록된 '상유금동지식 이고철면납관주성객사소용집물(上有金銅之飾 李股撤面納官鑄成客舍所用什物)' 이라는 내용으로 미루어봤을 때, 애당초 금동 상륜부가 있었을 것으로 추정된다. 조선과 승유억불, 수백 년 된 전탑의 금속장식을 소용물을 만드는 데 쓰려고 제거해 녹였다는 점에서 당시 이 탑이 어떤 대접을 받았을지 충분히 짐작할 만하다.

탑은 크기에 비해 상당히 협소한 자리에 위치해 있는데 법흥사가 폐사하며 한쪽으로 임청각이 위치해 있고, 일제강점기 때 개통한 중앙선이 반대쪽으로 지나간다. 마치 임청각과 중앙선 사이에 전탑이 끼여 있는 모습이지만 전탑이 가장 먼저 들어섰기에 임청각과 중앙선이 그 주변을 차지하고 있는 게 맞다. 지금도 이 탑을 찾아가는데 가장 현명한 수단은 걷는 것이다. 도심에서 그리 멀리 있지도

않지만 접근로도 탑의 위치만큼이나 열악해 자동차를 이용하는 것도 쉽지가 않다.

이 전탑은 1000년이 넘는 세월 동안 눈비를 맞으며 잦은 난에서도 무너지지 않고 버텨왔다. 탑을 두고 바로 옆으로 기차가 지나다니는 탓에 소음과 진동에 끊임없이 시달려왔고 탑이 남쪽 방향으로 2도가량 기울어 있어 '한국판 피사의 사탑(斜塔)'으로 불리기도 한다. 탑을 온전히 보전하려면 철길을 우회하거나 열차 운행을 중단해야 하지만 지금까지 80년 넘도록 철길의 변화는 없었다. 그나마 수년 내로 중앙선 복선전철화와 임청각 복원사업 등이 완료되면 기차가 현존하는 철길을 이용하지 않는다는 점이 다행스럽다.

안동의 탑이 세워진 자리가 풍수비보의 뜻으로 전해지기도 한다. 현존하는 것으로 법림사 전탑, 임하사 전탑 등 지세가 허한 곳을 막을 수단으로 세워졌다고 전한다. 이 같은 탑은 부의 남쪽에 일직선상으로 배열돼 있다고 하는데 남쪽이 열려 있는 허한 안동의 지형을 보충하려고 했던 것으로 알려진다.

신세동 7층 전탑은 우리나라에 남아있는 전탑 가운데 가장 크고 오래되었다는 점에서 중요한 의미가 있다. 경주 불국사의 석가탑처럼 우리나라의 탑은 돌로 만든 게 많다는 점에서 이 전탑의 가치는 다른 탑과 차이를 보인다. 이 전탑은 목탑을 모방해 만들어졌다는 것을 입증하는 자료로 평가되곤 하는데 지붕에 기와를 얹었던 자취가 그 이유다.

성학십도

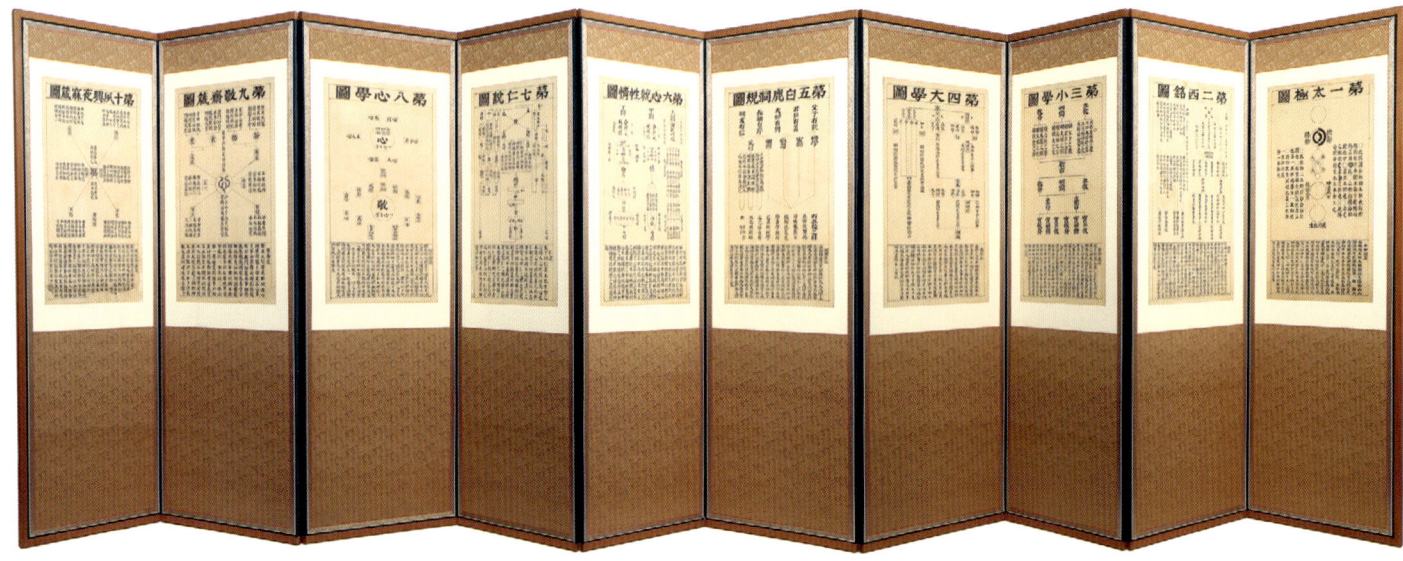

성학십도(聖學十圖)는 퇴계 이황의 상소문으로 1568년(선조 1년)에 작성해 성왕(聖王)과 성인(聖人)이 되기 위한 유교철학을 10가지 도설(圖說)로 설명하였다. 목판본으로 1책이 전해지고 있으며 태극도(太極圖), 서명도(西銘圖), 소학도(小學圖), 대학도(大學圖), 백록동규도(白鹿洞規圖), 심통성정도(心統性情圖), 인설도(仁說圖), 심학도(心學圖), 경제잠도(敬齋箴圖), 숙흥야매잠도(夙興夜寐箴圖) 등 10편이 저술되어 있다.

도표 10개 가운데 7개는 옛 현인들이 작성한 것 중 가장 두드러진 것이고 나머지 3개는 퇴계가 직접 작성했다. 현인들의 도표 7개 중 심통성정도는 정복심(程復心)이 작성하였고 퇴계는 여기에 도표 2개를 추가하였다. 이렇게 추가한 도표 2개에서 퇴계는 사단칠정(四端七情)과 이기(理氣)를 도해해 설명하고 있다.

퇴계가 작성한 도표는 소학도, 백록동규도, 숙흥야매잠도 등 3개로 제1도에서 제10도에 이르기까지 경의 의미가 일관되어 있다. 내용은 도표와 더불어 반드시 앞에 경서(經書)와 주희(朱熹) 등 여러 성현의 글 중 적절한 내용을 인용하고 퇴계 자신의 학설을 전개하고 있다.

성학십도는 중용의 체계와 천도의 근원적인 세계, 인도의 현실적 세계를 대조해 설명하는 등 근본체계와 학문방법이라는 두 가지 구조를 내포하고 있다. 근본체계는 천도를 근본으로 하고 내면적으로 심성을 근원으로 삼는 중층구조다. 퇴계가 말하는 "본체를 근원으로 인륜을 밝히고 덕업에 매진한다"는 의미는 천도의 본체를 근본에 전제하여 안으로 사회적 실천과 도덕 함양의 세계를 보여준다. "심성을 근원으로 일상에 힘쓰고 하늘을 공경하며 두려워한다"는 뜻은 하늘에 대한 경외를 기본조건으로 강조하며 심성의 수양방법을 추구하는 것이다.

1~5도는 천도를 근본으로 밝히는 것이고, 6~10도는 심성의 근원을 밝히는 것으로 확인할 수 있는데 천도와 인도가 항상 상응하며 조화를 이루게끔 파악하는 점에서 일치한다.

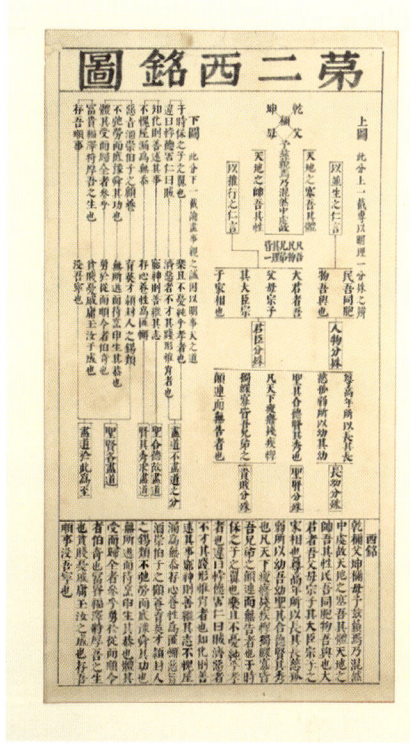

"무극이면서 태극"이라는 말이 여기서 나왔다. 성학십도에 따르면 태극이 동(動)하여 양(陽)을 낳고, 동의 상태가 지극하면 정(靜)하여지고 그러면 음(陰)을 낳는다고 태극도는 설명한다. 양이 변하고 음이 합하면 수(水), 화(火), 목(木), 금(金), 토(土)를 낳아 오기(五氣)가 순차로 퍼지며 사계절(四季節)이 돌아간다.

이 가운데 퇴계가 직접 작성한 소학도와 백록동규도, 숙흥야매잠도를 살펴보면 다음과 같은 내용을 알 수 있다. 소학도는 원(元), 형(亨), 이(利), 정(貞)이 천도의 상이고 불변의 법칙으로, 인(仁), 의(義), 예(禮), 지(智)는 인성의 강(綱), 인간의 벼리가 본성이라고 보여준다. 또 임금께 충성하고 어버이께 사랑하는 등 공손함이 벼리(秉彛)이며 억지로 되는 게 아닌 자연적이고 순리적으로 되는 것이라고 저술하고 있다. 소학의 방법은 집에서 효도하고 밖에서 남을 공경하는 등 행동의 법도에 어김이 없게 하는 것이다. 그리고 시를 외우거나 노래를 읊조리는 등 하는 게 이 학문의 뜻이고 목적이다. 그러면서 인간의 본성은 애당초 선하지 않은 게 없고 네 가지 단서인 "사단"이 감동되며 드러난다고 저술되어 있다.

백록동규도는 성현들이 가르쳐 학문을 하게 한 근본을 취하고 옛사람들의 뜻에 들어맞게 조목을 지어 현판에 게시하는 것 등을 말하고 있다.

숙흥야매잠도는 마음의 정돈을 설명하였다. 성현의 말씀을 경청하고 제자들의 문변을 참고하는 등 바로잡는 것 등도 강조하였다. 천명한 것에 눈을 두고 일을 거치고 난 뒤에 그전의 자신이 되어야 한다고 가르친다. 동과 정이 순환하는 중에도 마음을 고요히 하고 정신을 모으는 등 잡념을 버리라는 대목 등도 나온다.

성학십도는 퇴계의 대표작이다. 율곡 이이는 이를 두고 퇴계의 평생 학문을 응축해 놓은 것으로 인정하였다. 퇴계가 강연(經筵)에 입시하였을 때, 선조가 성군이 되길 바라면서 성학의 대강을 강의하는 등 선조에게 상소하면서도 "나라에 보답하는 것은 이 도에 그치는 것"이라고 전하였다는 점에서 퇴계가 상당히 심혈을 기울인 저작으로 추정할 수 있다. 성학십도는 도상(圖象)이라는 형식으로 도학의 체계를 집약적으로 설명하였는데 이를 통해 도학의 학문전통이 퇴계를 거치며 결정판으로 나타났다. 이로써 조선시대 성리학이 발전하는 과정에서 상당히 중요한 위치를 차지하고 있다.

45

용계은행나무

　용계은행나무는 경북 안동시 길안면 용계리에 있는 은행나무로 1966년 1월 천연기념물 제175호로 지정되었다. 수령이 700년으로 추정되며 암나무로 알려져 있다. 이 나무는 높이 37m, 가슴높이 둘레는 14.5m다. 가슴높이 둘레는 우리나라에서 가장 큰 나무이며 가지는 사방으로 퍼져있다. 지금은 나무 아래 철골 구조물이 크고 무거운 가지 등을 지탱하고 있다. 냇가를 끼고 있는 길가에서 정자나무 구실도 톡톡히 하고 있다. 우리나라의 대표적인 거목(巨木)이자 고목(古木)이다. 일반적으로 생장이 끝난 은행나무는 높이가 10~15m까지 이르며 간혹 40m까지 자라기도 한다. 안동 시내에서 31km 거리에 있으며 주변으로 지례예술촌, 만휴정, 묵계서원 등이 있어 관광코스 가운데 한 꼭지를 차지하고 있다. 특히 지례예술촌에서 은행나무로 이어지는 길 8km는 비포장 고갯길로 운치가 있는 반면 기상환경에 따라 다소 위험한 구간이 중간에 산재하여 있다.

　은행이라는 이름은 나무의 열매에서 비롯되었다. 열매가 살구와 비슷하게 생겼고 은빛이 난다고 하여 은행

(銀杏)이라는 이름이 붙었다. 은행나무는 바람과 불을 막는 기능이 있어 방화목(防火木)이라고 하며, 오래된 만큼 공손수(公孫樹)로 인식된다. 따라서 조상들은 은행나무를 귀하게 여기며 불교용품의 재료로 사용하였고 훼손하면 재앙을 받는다는 속설도 뒤따랐다.

조선 선조 때 훈련대장이었던 송암 탁순창(松庵 卓順昌)은 임진왜란이 끝나고 이곳으로 낙향한 뒤 이 나무를 보호하려 뜻이 맞는 사람들과 행계(杏契)를 조직, 매년 7월마다 이 나무 밑에 모여 유흥을 즐겼다고 전해진다. 당시 사람들은 이미 300살이 넘었던 나무를 다른 나무와 달리 신목(神木)으로 기리고 있었다. 임진왜란 때에도 뒷산 약산봉수대를 지키던 봉수꾼 몇몇이 왜군에게 쫓겨 나무에 숨었고 왜군이 봉수꾼을 보지 못한 채 나무 그늘에서 쉬다가 떠났다는 전설도 전해지고 있다. 지금도 탁순창의 후손들이 매년 한 번씩 간단한 제를 올리는 등 이 나무를 관리하고 있다.

크기와 나이에서 주변의 다른 나무와 압도적인 차이를 보였던 이 나무는 울음소리로 나라의 위기를 예고하였다는 이야기도 심심찮다. 일제에 나라를 빼앗기자 국치(國恥)를 서러워하며 울었고 한국전쟁 때에도 울었다고 전해진다. 나무 아래 냇가에 얽힌 이야기도 있다. 은행나무는 암나무와 수나무가 서로 마주 봐야 열매를 맺지만 용계리에 수나무는 없다. 그럼에도 한 해 서른 말 정도 은행을 수확하였다고 한다. 냇가에 비친 자신의 모습을 수나무로 착각해 결실이 이루어졌다는 이야기다.

애당초 이 나무는 용계초등학교 운동장에 있었다. 하지만 임하댐이 건설되며 나무마저 수몰될 위기에 처하자 당시에 있던 자리에서 15m 높이로 들어 올려 다시 심었다. 나무 무게만 700톤에 달하는 등 이를 처리할 장비조차 없었던 게 이유였다. 이식도 대공사였다. 특수한 공법을 이용하였는데 1990년 11월부터 1993년 2월까지 3년 동안 공사를 하여 15m 높이로 인공섬을 조성하고 점진적으로 나무를 들어 올렸다. 세계적으로도 유례없는 공사에 들어간 비용만 20억 원에 달했다. 당시 '공사기간 3년, 하자보증 기간 6년 이내에 나뭇가지의 고사율이 15%를 넘기면 공사대금을 포기한다'는 조건으로 계약, 이를 공증까지 했던 것으로 알려졌다. 당시 뿌리와 가지 등을 상당수 잘라내었지만 이내 곧 회복되었다. 이후 관리면적은 2,499㎡로 안동시도 관리하고 있다. 인공섬에 나무를 옮겨 심어 놓아 지

금은 관광에 편리성을 더하기 위해 거대한 석조 아치교를 통하여 나무에 접근할 수 있다. 한편 1982년 나무는 아래 부분의 속이 썩고 윗부분도 썩은 가지를 타고 빗물이 들어가는 등 나무가 상하기 시작하여 외과수술을 하기도 했다.

이 나무의 아들 나무가 다른 도시에 분양되기도 했다. 2008년 4월 안동시는 이천시, 진주시, 송파구 등 자매결연을 맺은 기초자치단체 4곳에 각 10그루씩 모두 아들 나무 50그루를 나눠주었다. 재경안동향우회 회원 13명에게도 50그루를 보냈다. 아들 나무는 2004년 용계은행나무에서 씨를 받아 파종해 높이 1.2m, 수령은 3세다. 안동시는 2007년 처음 인터넷으로 희망자를 모집하여 아들 나무 2,300그루를 전국에 나눠주었다.

46

안동음식
(건진국수 · 안동식혜 · 안동헛제사밥 · 안동간고등어)

안동의 지역 음식이라고 하면 흔히 식혜나 간고등어 정도를 꼽을 수 있지만 건진국수와 헛제사밥도 만만찮다. 반면 안동찜닭도 빈번히 안동의 음식으로 입방아에 오르내리지만 그 유래가 건진국수나 식혜 등에 비해 길지 않다. 안동은 신라의 고창전투, 고려 시대의 경북 북부 중심지 등으로 유래가 깊었고 조선 시대에 들어서는 유교적 색채를 강하게 띠었다. 그렇다 보니 지역의 음식도 역사적 사실이나 배경 등과 어느 정도 연관이 있는데 안동헛제사밥이 가장 그렇다.

안동헛제삿밥

안동헛제삿밥은 밥 위에 산적과 나물, 생선 등 제사 음식을 올려 간장으로 간을 하고 비벼 먹는 음식이다. 비빔밥 재료와 함께 탕국과 후식도 곁들이는데 쌀이 귀하던 시절 유생들이 제사 음식을 두고 축문 등을 읽는 헛

제사를 지낸 뒤 음식을 먹던 것에서 비롯되었다. 여기에 들어가는 음식은 모두 제사음식과 동일하며 상차림도 음식이 각각 다른 접시에 담겨 나와 먹는 사람이 밥과 반찬을 비벼 먹는다. 헛제삿밥은 안동 외에 대구와 진주 등지의 것도 유명한데 지역에 따라 상차림 또한 다르다. 안동헛제삿밥은 1980년 무렵 일반 식당가에서 판매하며 대중화하였고 이후 안동의 향토음식으로 자리 잡았다. 지금도 하회마을 등 관광지와 일반 식당에서 쉽게 찾아볼 수 있다.

한편 헛제삿밥은 영양 측면에서 손색이 없다. 상차림에 해산물과 소고기, 나물 등이 올라가 단백질과 무기질, 비타민 등을 골고루 챙길 수 있다.

안동간고등어

안동간고등어 만큼 쉽게 접할 수 있는 안동의 향토 음식은 없다고 봐도 무방하다. 일반 백반에 간고등어가 한 조각이라도 올라가면 '간고등어정식'으로 이름이 바뀌기에 안동의 밥상에서 간고등어의 존재는 상차림 전체를 좌우한다고 봐도 과언이 아니다.

안동간고등어는 경북 영덕에서 잡은 고등어를 안동으로 유통하던 중 부패 등을 막기위해 소금간을 한 데서 비롯된다. 과거 교통이 발달하지 않은 시절 보부상 등은 간고등어를 짊어지고 안동까지 걸어왔어야 했는데 이 과정에서 고등어가 상하지 않게 지금의 임동면쯤 왔을 때 소금으로 간을 쳤다고 한다. 안동간고등어는 먼저 고등어의 배를 갈라 내장 등을 제거하고 깨끗이 씻은 뒤 소금물에 넣어 만든다. 이 방법은 간고등어의 내외부, 특히 뼛속까지 간이 스며들게 하는 데 탁월하고 이 과정이 끝나면 직접 소금을 고등어에 뿌려 염장하기도 한다. 소금의 양이나 염장의 정도에 따라 간고등어의 맛이 달라지기에 염장은 간고등어 제조 과정의 가장 중요한 단계라고 할 수 있다.

간고등어는 주로 구이와 찜으로 요리된다. 소금을 쳤지만 짜지 않고 담백한 맛에 남녀노소를 불문, 관광객들에게 거부감 없는 음식인데 워낙 대중적이라 향토 음식이라고 하면 거리가 있을 것 같은 지역 사람들도 전혀 거리낌 없이 찾는다.

안동식혜

일반적으로 식혜라고 하는 것은 엿기름을 삭혀 단맛을 내는 음료이지만 안동에서 식혜란 빨갛고 무 등이 떠 있으며 생강이 들어가 매콤한 맛을 내는 음료를 일컫는다. 일반적으로 불리는 식혜는 안동에서 감주(甘酒)로 불려 지칭하는 대상이 엄연히 다르다.

1700년대 중반 이후에 생겼다고 추정되는 안동식혜는 찹쌀로 지은 고두밥에 고춧가루와 생강즙, 무 등을 넣은 뒤 엿기름물을 첨가하고 따뜻한 곳에서 발효하여 잣을 띄운 음식으로 무식혜라고도 불린다. 안동의 한식당 등에서 후식으로 작은 그릇에 담겨 나올 때가 많은데 무나 밥알 등 건더기가 많으면 작은 숟가락을 같이 주기도 한다. 안동식혜는 고춧가루와 생강즙 등이 들어가 있어 기본적으로 매운맛이 나지만 동시에 엿기름물도 들어가기 때문에 단맛도 포함하고 있다. 특히 무는 소화에 탁월한 효과가 있어 겨울철 잔칫날이나 설날 등 명절 때 집에서 직접 담가 먹기도 한다. 만드는 방법은 대체로 비슷하지만 만드는 곳에 따라 무의 모양이나 색깔, 맛에 다소 차이가 있다.

한편 상품화한 안동식혜는 일반 가정에서 만든 것과 매운 정도나 색깔에서 차이를 보여 대중의 입맛에 맞췄다는 추측을 할 수 있다.

건진국수

'국시'라는 말은 국수를 뜻하는 안동지역의 방언이다. 안동의 양반가는 여름철 손님을 접대할 용도로 밀가루와 콩가루를 섞은 면을 건져내어 장

국을 부어 국수를 만들었다. 칼국수와 유사하며 다른 이름으로 안동손국수 혹은 안동칼국수라고 불리기도 한다.

이름의 유래는 면을 찬물에 헹궈 건져낸다는 것에서 비롯되었다. 건진국수의 유래는 여러 의견이 있는데 하회별신굿탈놀이에서 양반을 풍자하던 마당에서 농사일의 새참으로 별미였다는 주장이 있고 밀을 생산하기 쉽지 않던 시대적 특성에 양반들만 먹을 수 있었던 음식이었다는 주장도 있다.

건진국수의 제조 상 특징은 일반국수와 달리 면을 만들 때 밀가루와 콩가루로 반죽을 한다는 것이다. 일반적으로 국수에 쓸 면은 밀가루로 만든 것에 반해 콩가루를 섞어 특유의 점성을 나타내었다. 국물 또한 멸치 육수 등을 쓰지 않고 은어로 우려낸 물을 쓴다. 안동의 은어는 임금에게 인기가 좋은 민물고기로 이를 보관할 석빙고까지 강가에 있었을 정도다. 상차림은 관습적으로 조밥과 배추쌈이 올라가는 것 또한 건진국수의 특징이다.

안동의 특산품
안동사과 · 안동마 · 안동콩 · 안동생강

안동은 낙동강과 태백산맥의 지맥 등이 발달하여 있는 곳으로 동쪽은 산이 험준하고 서쪽은 풍산평야 등 비교적 완만하다. 연교차가 큰 소우지이며 안동댐과 임하댐으로 안개가 끼는 날이 잦아 일조량이 풍부하지 않다. 안동에서 생산되는 농산물은 대개 쌀, 사과, 생강, 고구마, 콩, 보리, 고추, 담배, 마 등이다. 임산물은 마, 버섯, 밤 등이 있고 한우 사육 규모가 큰 편으로 서후면과 북후면 일대에 대형 축사가 즐비하다. 이 가운데 특히 사과, 콩, 마, 생강 등이 유명하여 안동의 특산품으로 불리는데 사과는 길안면, 마는 북후면 등지에서 압도적인 생산량을 보인다.

안동사과

안동사과는 전국적으로 상당한 브랜드 가치를 떨치고 있다. 특히 안동농협 농산물공판장과 안동청과물도매시장 등 대형 유통단지에서 전국 사과의 20% 가량이 거래된다. 생산지도 안동에 국한하지 않고 인근 도시인 봉화, 청송, 영주, 문경 등 경북 북부권 일대를 아우른다.

언제부터 안동지역에서 사과를 생산했는지 뚜렷한 기록은 없으나 안동시 녹전면 녹래리와 녹전면 신평리라는 설이 구전되고 있다. 특히나 녹전은 안동에서 일찌감치 교회가 들어왔던 곳으로 서양의 선교사 등이 한국전쟁을 전후로 사과를 전했을 것으로 추정된다. 이후 예안면과 일직면, 길안면 등으로 재배지가 크게 늘어났고 지금에 이르렀다.

안동사과의 특징으로 가장 처음 꼽을 수 있는 것은 대지와 기후 등 환경이다. 녹전면, 길안면 등은 대부분이 산지이고 과수원도 산이나 언덕에 위치하여 있는 경우가 다반수다. 비가 많이 내리지 않는 기후도 사과 품질에 한몫해 안동은 사과 주산지로 자리매김하였다. 그렇기에 과육이 단단하고 밀도가 높아 저장성이 우수하고 당도도 높다. 모양도 마냥 둥글지만은 않고 길쭉하기도 하며 선명한 색깔을 나타낸다. 특히 안동사과는 안동마와 함께 소비자가 뽑은 2019 한국소비자만족지수 1위를 기록하여 2012년부터 7년 연속 기록 행진을 이어가고 있다.

안동마

안동사과와 더불어 빼놓을 수 없는 특산품으로 마가 있다. 전국적으로 70%에 가까운 마를 재배해 그 명성이 유명하다. 안동에서 마를 재배한 것은 100년도 더 넘은 것으로 전해지며 1980년대부터 안동의 특산품으로 유명세를 탔다. 1990년대는 마를 재배하는 데서 나아가 가공도 하고 있으며 2000년대에 들어 안동시 북후면이 마 특구로 지정될 만큼 안동의 대표적인 특산품이 되었다.

마는 『삼국유사(三國遺事)』의 설화로 전해져 내려올 만큼 오랜 시간 전부터 우리나라에 자생했던 것으로 알려져 있다. 따라서 고구마나 칡처럼 일상적으로 흔하게 접해 먹었을 것으로 추정된다. 그러나 요즘 마를 보는 시선은 건강식품이나 한약재 등으로 일상식과 다소 거리가 있는 것으로 비춰진다. 마는 한방에서 산약(山藥)으로도 불리는데 이는 마를 말린 것이다. 마의 지표성분은 뮤신인데 이는 위장을 보호하고 특히 남성에게 좋은 효과가 있어 호응을 얻고 있다. 일각에서는 마의 품종마다 뮤신의 함량에 차이가 있다고 하지만 실제로 그 차이는 미미하다.

우리나라에서 재배되는 마는 장마, 단마, 둥근마 등으로 장마는 우엉처럼

기다랗고 수분이 많아 날것을 그대로 갈아먹을 때 많이 쓴다. 단마는 장마보다 짧고 뚱뚱하게 생긴 게 특징인데 주로 안동에서 재배되는 품종이다. 장마에 비해 수분이 적고 단단하다. 둥근마는 사과처럼 생겼다고 하여 '애플마'라고도 불린다. 단마보다 더 단단한 게 이것이다. 한편 야생마는 장마보다 길고 가는 것인데 야생의 마라고 해서 꼭 야생마인 것은 아니다.

안동콩

안동의 특산품으로 안동콩을 꼽을 수 있는데 장류나 두부 등의 원료가 되므로 콩 자체보다 가공용으로 쓰임새가 더 잦다.

안동시는 2004년 경북 안동시 서후면 대두서리 일대에 콩 특화단지를 조성하여 전국의 콩 생산지로 부상했다. 2006년 쌀 대체 작물로 논에 심은 콩이 '2006 논콩재배단지 종합 평가'에서 전국 최우수 콩으로 선정되는 등 우수한 품질을 자랑하고 있다.

안동농협은 2008년 12월 경북 안동시 송천동에 더햇식품사업소를 설치하고 '안동생명콩'이라는 브랜드로 두부를 생산하고 있다. 특히 2018년 2월 안동농협은 더햇식품사업소에서 생산한 '생명 콩 두부' 3톤을 중동으로 수출하며 세계시장을 향한 행보에 박차를 가하고 있다. 이뿐만 아니라 안동에 위치한 식품 업체 대부분은 안동콩을 원료로 메주부터 된장과 고추장 등을 생산하고 있다. 우리 민족이 예로부터 장을 담그는 솜씨가 뛰어났던 것이 넓은 콩의 수요를 보여주고 있다. 이들 업체는 콩을 이용한 식품 외에 콩을 자체적으로도 파는 등 다양한 판로로 소비자들에게 다가가고 있다.

안동생강

안동의 특산품 가운데 빼놓을 수 없는 것이 생강이다. 안동에서 생강을 재배한 지는 25년 가까이 되었지만 안동은 2010년대 들어 우리나라 생강의 최대 주산지로 떠올랐고 전국 생산량 가운데 17% 정도를 차지할 만

큼 규모가 성장하였다.

생강은 전국적으로 재배가 가능하지만 그래도 온화한 기후와 사질양토 등에서 잘 자란다. 안동의 기후 등을 살펴봤을 때 서후면 등지에서 많은 양을 생산하고 있는 것으로 알려져 있다.

안동 생강의 특징은 굵은 뿌리와 깊은 향, 잘 벗겨지는 껍질 등이다. 이런 탓에 수확을 할 때도 적잖은 힘이 들지만 반대로 요리를 할 때 혹은 가공을 할 때는 여러모로 편리하다.

생강은 한방에서 발산풍한약(發散風寒藥)으로 분류되어 있으며 맛은 맵고 성질은 따뜻하여 생강차나 청 등으로 활용된다. 안동의 대표 식품인 안동식혜에 빠질 수 없는 것이 생강으로 안동과 생강의 인연은 단순히 농업적 측면만 있는 것이 아니라 산업, 문화적 측면과 궤를 함께한다.

한편 생강의 지표 성분은 쇼가올(Shogaol), 진저롤(Gingerol) 등인데 진저롤은 체내 지질을 저하하는 효과, 항균효과, DNA 손상억제 등 기능이 있을 뿐만 아니라 편두통과 구토에도 효과가 있어 약용으로 많이 쓰인다.

48

영호루와 시판

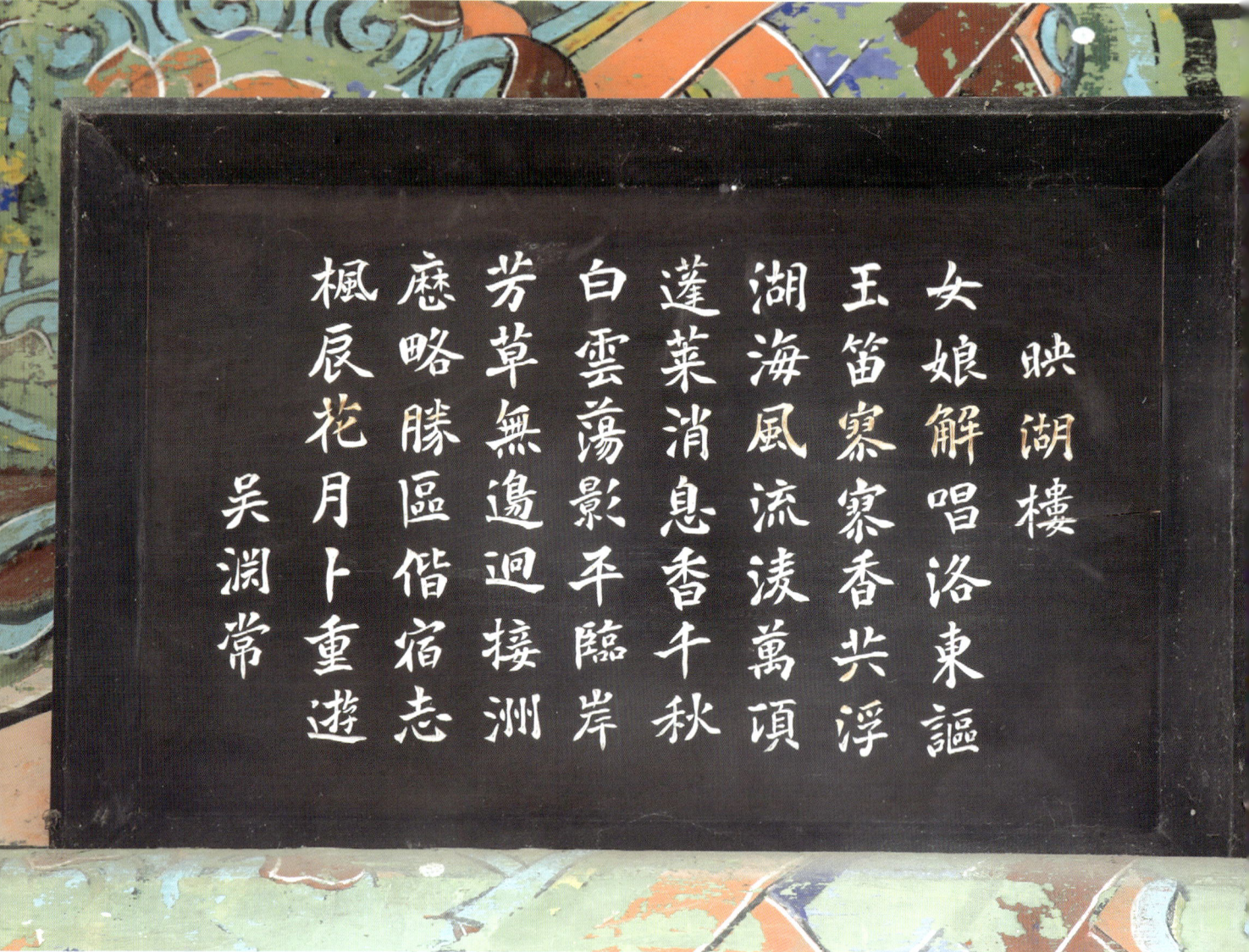

영호루는 진주 촉석루, 밀양 영남루, 남원 광한루와 더불어 한강 이남의 대표적 누각이지만 창건에 관한 문헌이 없어 언제 지었는지는 정확한 연대를 알 수 없다. 다만 김방경 장군(1212~1300)이 1274년(원종 15년) 일본 원정에서 돌아오는 길에 영호루에서 시를 지었다는 기록이 있어 그 전부터 존속했다는 것을 알 수 있다. 영호루가 유명해진 것은 공민왕이 홍건적을 피해 안동으로 왔다가 개경 수복 후 '영호루'라는 친필 현판을 달면서부터다. 그 후 명종 2년(1547)에 큰 물난리로 누각이 유실되었다가

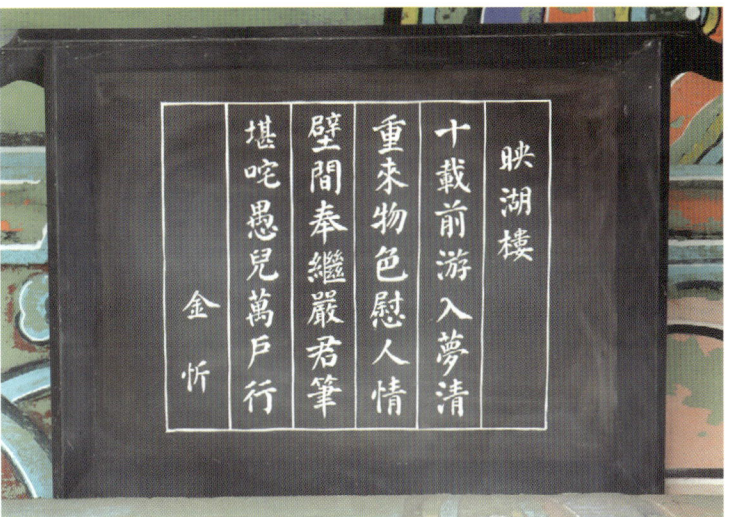
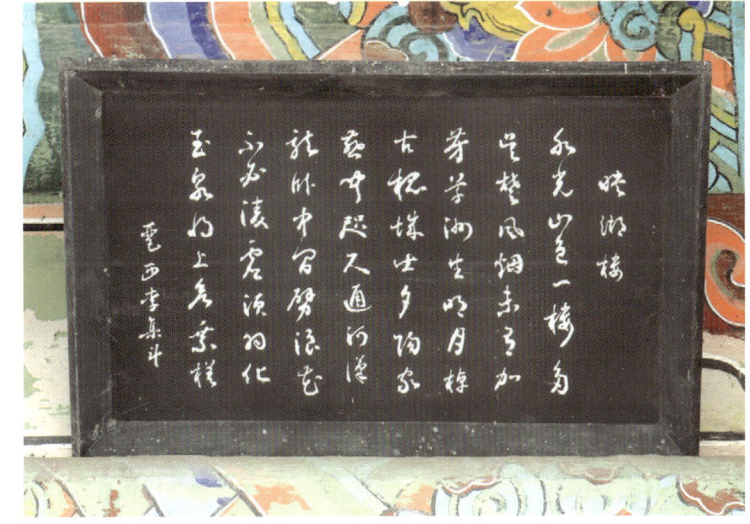

1552년에 안동부사 안한준이 중창하고 영조 51년(1775)에 다시 홍수로 유실되어 부사 신맹빈이 다시 중건했다. 하지만 영호루의 파란은 여기서 그치지 않고 정조15년(1792) 홍수 때 또 유실되었다가 4년 뒤 부사 이집두가 또다시 중건했으며 1934년 7월 23일 갑술년 대홍수 때도 유실의 전철을 반복했다. 영호루가 태화동 옛 터를 떠나 현재의 정하동으로 옮겨온 곳은 1970년이다. 36년 만에 철근 콘크리트로 된 한식 누각에다 정면 5칸, 측면 4칸 규모의 팔작 지붕집으로 복원하고는 북쪽 면에는 공민왕의 친필 현판을 남쪽 면에는 박정희 대통령의 친필로 '영호루' 현판을 걸었다.

다음은 한국국학진흥원이 제공한 영호루에 걸려 있는 시판 현황이다.

영호루 시판 현황(한국국학진흥원 제공)

1	김방경(金方慶)	1212~1300	고려 후기의 명장. 자는 본연(本然), 시호는 충렬(忠烈), 본관은 안동(安東), 관직은 평장사(平章事). 위의 시의 원제(原題)는 동정일본과차복주등영호루(東征日本過次福州登映湖樓)임.
2	김흔(金忻)	1251~1309	고려 후기의 장군. 방경의 자. 관은 도첨의사사(都僉議司事).
3	홍간(洪侃)	?~1304	고려 말기의 문신. 시인, 자는 평포(平浦), 운부(雲夫), 호는 홍애(洪崖), 본관은 풍산(豊山), 관은 첨의사인(僉議舍人).
4	우탁(禹倬)	1263~1343	고려 말기의 학자. 자는 천장(天章), 호는 역동(易東), 시호는 문희(文僖), 본관은 단양(丹陽), 관직은 성균제주(成均祭酒).
5	채홍철(蔡洪哲)	1262~1340	고려 말기의 문신. 자는 무민(無悶), 호는 중암(中菴), 본관은 평강(平康), 관은 정승(政丞).
6	신천(辛蕆)	?~1339	고려 충숙왕 때의 문신. 호는 덕재(德齋), 본관은 영산(靈山), 관직은 판밀직사사(判密直司事).
7	정자후(鄭子厚)		고려 충숙왕 때의 복주 목사(福州牧使).
8	조간(趙簡)		고려 충숙왕 때의 문신, 시호는 문량(文良), 본관은 김제(金堤). 관은 찬성사(贊成事).
9	정포(鄭誧)	1309~1345	고려 충혜왕 때의 문신, 자는 중부(仲孚), 호는 설곡(雪谷), 본관은 청주(淸州). 관직은 좌사의대부(左司議大夫).
10	권사복(權思復)		고려 공민왕 때의 문신. 본관은 안동(安東), 관은 봉익대부(奉翊大夫), 판전교시사(判典校寺事).
11	이집(李集)	1314~1387	고려 공민왕 때의 학자. 초명은 원령(元齡), 자는 호연(浩然), 호는 둔촌(遁村), 관은 판전교시사(判典校寺事), 광주 귀암서원(龜巖書院)에 제향.
12	전록생(田祿生)	1318~1375	고려 공민왕 때의 문신. 호는 야은(野隱), 자는 맹경(孟耕). 본관은 담양(潭陽), 관은 제주사록(濟州司祿).
13	정몽주(鄭夢周)	1337~1392	고려 말기의 충신, 자는 달가(達可), 호는 포은(圃隱), 시호는 문충(文忠). 본관은 영일(迎日), 관은 문하시중(門下侍中).
14	정도전(鄭道傳)	?~1398	조선 개국공신. 자는 종지(宗之), 호는 삼봉(三峰), 본관은 봉화(奉化). 관은 판의흥삼군부사(判義興三軍府事).
15.	권근(權近)	1352~1409	조선 초기의 명신. 자는 가원(可遠), 호는 양촌(陽村), 시호는 문충(文忠), 본관은 안동(安東). 관은 대제학(大堤學).
16	이원(李原)	1368~1429	이조 세종 때의 문신. 자는 차산(次山), 호는 용헌(容軒), 시호는 양헌(襄憲), 본관은 고성(固城). 관은 좌의정(左議政).
17	류방선(柳方善)	1388~1443	조선 세종 때의 학자. 자는 자계(子繼), 호는 태재(泰齋), 본관은 서산(瑞山). 시와 문장이 매우 뛰어남.
18	조효문(曺孝門)	?~1462	조선 세조 때의 문신. 자는 행원(行源), 시호는 (成度), 본관은 창녕(昌寧), 관은 예조참판.
19	최수(崔脩)	?~?	조선 시대의 문신
20	이석형(李石亨)	1415~1477	조선 세조 때의 명신. 자는 백옥(伯玉), 호는 화헌(樗軒), 시호는 문강(文康), 본관은 연안(延安). 관은 도체찰사(都體察使).
21	김종직(金宗直)	1431~1492	조선 성종 때의 학자. 자는 효관(孝盥).계온(季昷), 호는 점필재(佔畢齋), 시호는 문간(文簡), 본관은 선산(善山). 관은 지중추부사(知中樞府事). 학문과 덕행으로 이름 높음.
22	조순(趙舜)	?~?	조선 시대의 문신. 본관은 함안(咸安), 관은 참판(參判).
23	양희지(楊熙止)	1439~1504	조선 성종 때의 문장가. 자는 가행(可行), 정부(禎父), 호는 대봉 본관은 중화(中和). 관은 세자우부빈객(世子右副賓客).

영호루 시판 현황(한국국학진흥원 제공)

24	이현보(李賢輔)	1467~1555	조선 중종 때의 문신. 시호는 효절(孝節), 본관은 영천(永川). 관은 지중추부사(知中樞府使).
25	김안국(金安國)	1478~1543	조선 중종 때의 명신. 자는 국경(國卿), 호는 모재(慕齋), 시호는 문경(文敬), 본관은 의성(義城). 관은 대제학(大提學).
26	권응인(權應仁)	1517~1588	조선 중종 때의 문인. 호는 송계(松溪). 본관은 안동(安東), 관은 한리학관(漢吏學官).
27	권응정(權應挺)	1498~1564	조선 중종 때의 문신. 자는 사우(士遇), 호는 묵암(默菴), 본관은 안동(安東). 관은 동지중추부사(同知中樞府事).
28	정사룡(鄭士龍)	1491~1570	조선 명종 때의 문신. 자는 운경(雲卿), 호는 호음(湖陰), 본관은 동래(東萊). 관은 판중추부사(判中樞府使).
29	이황(李滉)	1501~1570	조선 중기의 대학자. 자는 경호(景浩), 호는 퇴계(退溪), 시호는 문순(文純), 본관은 진보(眞寶). 관은 대제학(大提學).
30	구봉령(具鳳齡)	1520~1585	조선 명종·선조 때의 문신. 자는 경서(景瑞), 호는 백담(柏潭), 본관은 능성(綾城). 관은 대사헌(大司憲).
31	김극일(金克一)	1539~1602	조선 명종 때의 학자. 자는 백순(伯純), 호는 약봉(藥峯). 본관은 의성(義城), 관은 내자시정(內資寺政).
32	이정신(李正臣)	1660~1727	조선 숙종 때의 문신. 자는 아언(我彦), 호는 송벽당(松蘗堂), 본관은 연안(延安), 관은 경기도 관찰사.
33	여필용(呂必容)	?~?	조선 숙종 때의 문신, 관은 안동부사.
34	류여회(柳汝懷)	?~?	조선 시대의 문신.
35	강침(姜忱)	?~?	조선 시대의 문신.
36	홍우서(洪禹瑞)	1662~1716	조선 숙종 때의 문신. 자는 중웅(仲熊), 호는 서암(西巖), 본관은 남양(南陽), 관은 대사간(大司諫), 시문에 능하고 당대의 명필.
37	이인복(李仁復)	?~?	조선 경종 때의 문신, 관은 안동부사.
38	이철보(李喆輔)	1691~1775	조선 경종 때의 문신. 자는 보숙(保叔), 호는 지암(止菴), 지산(止山), 본관은 연안(延安). 관은 예조판서.
39	한광조(韓光肇)	1715~1768	조선 영조 때의 문신(文臣). 자는 자시(子始), 호는 남정(南庭), 남애(南厓), 문과에 장원 급제, 관은 대사헌(大司憲).
40	홍의호(洪義浩)	1758~1826	조선 순조 때의 문신. 자는 양중(養中), 호는 담영(澹寧), 본관은 풍산(豊山), 관은 예조 판서.
41	한홍유(韓弘裕)	?~?	조선 시대의 문신.
42	이집두(李集斗)	1744~1820	조선 순조 때의 문신. 자는 중휘(仲輝), 호는 파서(琶西), 본관은 경주(慶州), 관은 예조 판서(禮曹判書).
43	오연상(吳淵常)	1765~1821	조선 순조 때의 문신. 자는 사황(士黃), 본관은 해주(海州), 관은 이조 참판(吏曹參判).
44	김학순(金學淳)	1767~1845	조선 순조 때의 문신. 자는 이습(而習), 호는 화서(華棲), 본관은 안동(安東), 관은 이조 판서(吏曹判書).

49

불천위

불천위는 사당에 위패를 영구히 모셔두고 제사를 지내는 신위를 말하는데 불천위를 모시는 사당을 부조묘라고 한다. 안동지역에는 이 불천위가 50위 정도 되는데 이는 전국 최고의 수치다.

특히 불천위는 종가문화와도 밀접하게 연관되어 있는데 유교의 종주국인 중국은 문화혁명으로 일본은 다종교로 유교원형이 상당히 퇴색되었다. 몇 해 전 동양 오성인 공자와 맹자 증자의 후손이 안동을

찾아왔을 때 가장 대단하게 여긴 것이 바로 대대로 면면히 이어져 오고 있는 불천위와 종가문화였다. 타지에서 직장생활을 하다가도 종손(아버지)이 돌아가면 차종손(아들)이 고향으로 돌아와 길사를 하고 종손의 지위를 물려받아 부조묘 받드는 전통을 가장 부러워했다고 한다.

학문과 문집을 바탕으로 일문이 일가를 이뤄 종가가 되고 그 종가를 중심으로 문중이 사당과 서원으로 덕 있는 조상을 모시는 전통은 현대 유교문화의 근간으로 우뚝 자리 잡았는데 이 중심에 안동이 있는 것이다. 불천위는 바로 그 안동문화의 고유한 특징을 드러내는 지표 내지 정체성이다. 다음은 안동지역 불천위 현황이다.

안동지역 불천위 현황(50위, 성씨별)

番號	姓名	生沒年代	號	字	諡號	考忌日/妣忌日	主要略歷	備考	宗孫
1	구봉령	중종31(1526)~선조19(1586)	백담	경서		7. 1	증 이조판서, 배 주계서원	능성	
2	권 징	세종 8(1426)~세조13(1467)	등암			5. 10 / 11. 19	1447사마, 1450문과, 증집의	안동	
3	권 우	명종 7(1552)~선조23(1590)	송소	정보		2. 26 / 2. 12	1573사마, 세자사부	안동	
4	권 환	선조13(1580)~효종 2(1652)	이우당	택보		8. 11 / 12. 26	1639식년문과	안동,유	문소김12.26, 봉화금1.4 전주류 12.7
5	권 구	현종13(1673)~영조25(1749)	병곡	방숙		1. 28 / 6. 3	갈암문인, 증이조판서	안동,유	
6	금난수	중종25(1530)~선조37(1604)	성성재	문원		10. 17 / 2. 12	퇴계문인, 생원, 유일, 증좌승지, 동계서원	봉화	
7	김계행	세종19(1437)~성종 4(1473)	보백당	취사	정헌	12. 17	1453생원, 1486문과, 대사헌, 대사간 증이조판서	안동, 국	
8	김양진	세조13(1467)~중종30(1535)	허백당	백기		9. 16 / 11. 11	1489진사, 1497문과, 송도유수, 물계서원	풍산	
9	김대현	명종 8(1553)~선조35(1602)	유연당	희지		3. 11 / 2. 3	우계성혼문인, 1582사마, 증이조판서 구계서원	풍산	
10	金 간	효종 4(1654)~영조11(1735)	죽봉	사행		6. 15 / 3. 2	1693사마, 1710문과, 낙연서원	풍산	
11	金 진	연산 6(1500)~선조13(1581)	청계	영중		4. 22 / 6. 14	1525사마, 증이조판서, 사빈서원	의성	
12	김성일	중종33(1538)~선조26(1593)	학봉	사순		4. 29 / 4. 1	1568증광문과, 관찰사 임천, 사빈서원	의성	
13	金 용	명종12(1557)~광해12(1620)	운천	도원		10. 19 / 10. 9	1590문과, 병조참의, 증이조판서	의성	
14	김성탁	숙종10(1684)~영조23(1747)	제산	진백		4. 30 / 2. 27	1753증광문과, 교리	의성	임하 천전
15	김 굉	영조15(1739)~순조16(1816)	귀와	자야		5. 1 / 6. 29	1773생원, 정조시문과 행이조참판	의성	
16	김언기	중종15(1520)~선조21(1588)	유일재	중온		3. 15 / 12. 5	1567진사, 용계,옥계서원	광산	
17	김 영	선조10(1577)~인조 9(1641)	계암	자준	문정	3. 21 / 9. 5	1613문과, 증이조판서	광산, 국	
18	배삼익	중종28(1533)~선조21(1588)	임연재	여우		7. 1 / 4. 11	1558사마, 1564문과, 관찰사	흥해	송천동
19	변중일	선조 8(1573)~현종 1(1660)	간재	가순		8. 20 / 2. 11	1686정려각, 금고서원	원주	서후금계162
20	류중영	중종10(1515)~선조 6(1573)	입암	언우		7. 13 / 8. 21	1528식년문과, 관찰사, 증영의정	풍산	
21	류경심	중종11(1516)~선조 4(1571)	귀촌	태호		6. 2 / 7. 21	1537생원, 1544문과, 평안감사	풍산	
22	류중엄	중종33(1538)~선조 4(1571)	파산	희범		12. 23 / 4. 18	퇴계문인, 분강, 타양서원	풍산	풍천 광덕
23	류운룡	중종34(1539)~선조34(1601)	겸암	응견	문경	3. 5 / 9. 16	퇴계문인, 원주목사, 우곡, 화천서원	풍산	
24	류성룡	중종37(1542)~선조40(1607)	서애	이견	문충	5. 6 / 7. 25	1564진사, 1566별시문과, 영의정	풍산	
25	류 직	선조35(1602)~현종 3(1662)	백졸암	정견		10. 20 / 1. 10	1603사마	전주	임동 고천

안동지역 불천위 현황(50위, 성씨별)

번號	姓名	生沒年代	號	字	諡號	考 忌日 妣 忌日	主要略歷	備考	宗孫
26	류승현	숙종 6(1680)~영조22(1746)	용와	윤경		3. 28 / 12. 27	1719증광문과, 증이조참의	전주	해평 일선이주
27	류치명	정조 1(1777)~철종12(1861)	정재	성백		10. 6 / 1. 2	1805증광문과, 병조참판	전주	
28	류정원	숙종29(1703)~영조37(1761)	삼산	순백		9. 30 / 1. 20	1735증광문과, 대사간	전주	
29	류휘문	영조49(1773)~순조32(1832)	好古窩	公晦		12. 1 / 1. 29	추천, 후릉참봉	전주	정원의 孫
30	이 정	미 상				8. 15 / 5. 2	선산부사, 증호조참판	진성	경류정
31	이계양	세종 6(1424)~성종19(1488)	노송정	원보		5. 16 / 9. 18	1452진사, 증이조판서	진성	온혜
32	이 우	예종 1(1469)~중종12(1517)	송재	명중		11. 17 / 1. 7	1491생원 1498문과, 관찰사, 청계서원	진성	
33	이 해	연산 2(1496)~명종 5(1550)	온계	경명	정민	8. 14 / 11. 6	1525진사, 1528문과, 관찰사, 청계, 삼봉서원	진성, 국	
34	이 황	연산 7(1501)~선조 3(1515)	퇴계	경호	문순	12. 8 / 7. 2	이조판서, 증영의정, 배 문묘,도산서원	진성, 국	
35	이영도	명종14(1559)~인조15(1637)	동암	성흥		5. 25 / 7. 22	유일, 증이조참판	진성	하계 동암종택
36	이명익	광해 9(1617)~숙종13(1687)	반초당	만리		12. 11 / 2. 5	1649별시문과	진성	녹전 원천 344
37	이종수	경종 2(1722)~정조21(1797)	후산	학보		11. 16 / 1. 1	대산문인	진성	
38	이현보	세조13(1467)~명종10(1555)	농암	비중	효절	6. 13 / 5. 10	1498식년문과, 분강서원	영천	옥정동
39	이덕홍	중종36(1541)~선조29(1596)	간재	굉중		2. 19 / 6. 21	퇴계문인, 천거, 증이조참판	영천	녹전 원천
40	이홍조	선조28(1595)~현종 1(1660)	수은	여곽		3. 13 / 5. 23	인조시 회인현감	한산	일직 수은종택
41	이상정	숙종37(1711)~정조 5(1781)	대산	경문	문경	12. 9 / 12. 16	1734문과, 예조참의	한산	
42	이후영	효종 1(1649)~숙종37(1711)	청옹	사구		1. 8 / 5. 11	현종시진사. 문과, 정랑	고성	법흥동 임청각
43	이산두	숙종 6(1681)~영조48(1772)	나졸재	우앙	청헌	4. 19 / 2. 2	1733문과 지중추부사, 풍암서원	전의	
44	장흥효	명종19(1564)~인조11(1633)	경당	행원		2. 7 / 9. 25	추천, 경광서원	안동	서후 성곡
45	정 두	미 상	죽헌	대임		3. 9	음보, 증한성부우윤	청주	
46	조 목	중종29(1534)~선조39(1606)	월천	사경		10. 29 / 1. 23	1561사마, 추천거절 46회, 도산서원	횡성	
47	하위지	태종12(1412)~세조 2(1456)	단계	천장	충렬	6. 8	세종조문과, 숙종조복관, 창렬서원	진주	
48	이광정	숙종40년(1714)~정조13년(1789)	소산	휴문		7. 25 / 4. 20	영조11년(1735) 증광향시, 1740년 동당향시	한산	
49	이유장	인조3년(1625)~숙종27년(1701)	고산	하경		5. 16 / 11. 23	현종원년(1660) 사마시, 세자익위사익찬	예안	
50	이정국	영조19년(1743)~순조7년(1807)	우원	목지		6. 30	1773년 생원시, 1789년 동몽교관	예안	

50

안동의 재사

재사(齋舍)는 조상 가운데 학문과 덕행, 충효가 뛰어난 인물을 추모하고자 묘소(墓所)나 사묘(祠廟) 옆에 지은 집을 말한다. 재사에서 1년에 한 번 이상 후손들이 모여서 제사를 지내다 보니 잠자고 음식을 준비하는 공간으로의 역할을 했다. 특히 후손들이 재사에 모여 묘제를 준비하며 일을 분담하고 음식을 나눠 먹는 과정을 통해 문중의 결속을 다졌다. 안동과 안동 가까운 지역에 재사가 많이 남아 있는 것은 혈연중심의 독특한 안동문화가 반영된 결과다. 제사와 재사 문화 또한 안동만의 고유한 문화자산이다. 더욱이 개인주의 경향으로 갈수록 음복하며 서로 축복하는 공동체문화가 약해지거나 사라지는 세태에서 한번쯤 재사문화를 이해하는 것도 의미 있는 일이 아닐 수 없다.

다음 표는 간단하게 안동지역의 재사를 정리한 것이다. 좀 더 깊이 파고들고 싶다면 안동시립민속박물관 발행의 안동의 재사Ⅰ~Ⅲ 읽어보기를 추천한다.

안동시 재사 현황

No	재사 명칭	수호인물	위치
1	강릉최씨 봉숭재	최수겸 등	녹전면 신평리 방현
2	고성이씨 수다재	이원 등	안동시 정상동
3	고성이씨 도곡재(정상동재사)	이용 등	안동시 정상동
4	고성이씨 청옹재사	이후영	안동시 성곡동
5	광산김씨 능동재사	김효로	녹전면 구송리 능골
6	단양우씨 정정재	우탁	예안면 정산리
7	반남박씨 덕동재사	박숙	안동시 와룡면
8	안동권씨 기사리재사	권정	예안면 기사리
9	안동권씨 송현동재사	권유 등 6위	안동시 송현동
10	안동권씨 용산재사	권시창 등	와룡면 중가구리
11	안동권씨 호소곡재사	권체달 등	안동시 안막동
12	안동김씨 능동재사	김방경	녹전면 구송리 능골
13	영양남씨 남흥재사	남휘주 등	와룡면 중가구리
14	영양남씨 도목재사	남첨	예안면 도목리
15	영양남씨 연원재사	남우량 등	안동시 이천동 양의골
16	영양남씨 주애재사	남양인 등	안동시 수상동 뱃가골
17	영천이씨 능곡재사	이오 등	예안면 서삼리
18	영천이씨 사천재사	이헌 등	예안면 서삼리
19	영천이씨 우곡재사	이은동	와룡면 감애리 우무실
20	영천이씨 자운재사	이현보 등	예안면 신남리
21	의성김씨 서지재사	김성일	와룡면 서지리
22	전주류씨 호암재사	류극서 등	녹전면 죽송리 유빈골
23	진성이씨 가창재사	이정	북후면 물한리 작산마을
24	진성이씨 덕전재사	이훈	와룡면 주하리
25	흥해배씨 가수천재사	배상지	와룡면 서지리
26	고성이씨 팔회당재사	이후식 등	용상동 돌장골
27	경주손씨 부포재사	손의형	예안면 부포리

안동시 재사 현황

No	재 사 명 칭	수 호 인 물	위 치
28	광산김씨 거인재사	김연 등	북후면 대현리
29	김해김씨 침송재사	김목윤	서후면 이송천 오미마을
30	안동권씨 능동재사	권행	서후면 성곡리
31	안동권씨 연원재사	권혁 등	북후면 오산리
32	안동권씨 송파재사	권인	서후면 교리
33	안동권씨 청석재사	권개	풍산읍 막곡리
34	안동권씨 소등재사	권곤	와룡면 태리
35	안동권씨 대표재사	권숙형	서후면 교리
36	안동권씨 금서현 성곡재사	권덕윤 등	서후면 성곡리
37	안동권씨 말산재사	권심행 등	북후면 두산리
38	안동권씨 노동재사	권유	풍산읍 노리
39	안동권씨 옹천재사	권징	북후면 옹천리
40	안동김씨 태장태사	김선평	서후면 태장리
41	영양남씨 독실재사	남부량	서후면 성곡리
42	예안이씨 근재재사(모선루)	이전	풍산읍 만운리
43	예천임씨 영모재사	임효진 등	북후면 도진리
44	장태사공 성곡재사	장정필	서후면 성곡리
45	진성이씨 두솔원재사	이자수	서후면 명리
46	진주강씨 일원재	강두전	북후면 옹천리
47	진주강씨 산고재사	강오선	북후면 옹천리
48	풍산류씨 금계재사	류운룡 등	서후면 성곡리
49	풍산류씨 수동재사	류성룡	풍산읍 수리
50	한양조씨 존경재	청송심씨 등	서후면 저전리
51	광산김씨 구담재사	김용석	풍천면 구담리
52	순천김씨 국담재사	김유온	풍천면 구담리
53	순천김씨 추원재	김형석 등	풍천면 갈전리
54	순천김씨 동리재사	김윤안	일직면 광연리

안동시 재사 현황

No	재 사 명 칭	수 호 인 물	위 치
55	순천김씨 지내리 동리재사	능성구씨	와룡면 지내리
56	안동권씨 선원재사	권항 등	풍천면 가곡리
57	안동권씨 지산재사	권전	풍천면 가곡리
58	안동권씨 용산재사	권기 등	풍산읍 막곡리
59	안동권씨 노동재사	권징 등	풍산읍 가곡리
60	안동권씨 동곡재사	권보	풍천면 가곡리
61	안동권씨 모산재사	권준 등	풍천면 갈전리
62	안동권씨 검암재사	권덕래 등	남후면 검암리
63	안동김씨 전농정공소요재사	김득우	풍산읍 상리
64	안동김씨 오례소 수동재사	김득우 배위 풍산류씨	풍산읍 수리
65	안동김씨 봉예랑공 상리재사	김혁	풍산읍 상리
66	안동김씨 어담공재사	김삼익	풍산읍 상리
67	안동김씨 주부공 진곡재사	김삼우	풍산읍 수리
68	안동김씨 역동소재사	김계권 등	풍산읍 소산리
69	안동김씨 하동재사	김집	풍산읍 수리
70	안동김씨 낙애공대명당소재사	김희맹	남후면 하아리
71	영양남씨 이로재	남창년	일직면 송리
72	영양남씨 광연재사	남처곤	일직면 광연리
73	예안이씨 새뭇골재사	이영 등	풍산읍 상리
74	예안이씨 조파재사	이훈 등	풍산읍 만운리
75	예안이씨 의장공재사	이홍인	풍산읍 수리
76	예안이씨 내가곡재사	이진 등	풍산읍 상리
77	의성김씨 박일재	김거두 등	남선면 구미리
78	의성김씨 숭의재	김천 등	와룡면 중가구리
79	풍산김씨 오미재사	김대현 등	풍산읍 오미리
80	안동권씨 경모재사	권운승	풍산읍 노리

안동 이야기 50選 Ⅱ

최성달 지음 | 이동춘 사진

인쇄 1판 1쇄   2018년 12월 21일
발행 1판 1쇄   2018년 12월 28일

지 은 이 : 최성달
펴 낸 이 : 김천우
펴 낸 곳 : 도서출판 천우
등   록 : 1992. 2. 15. 제1-1307호
주   소 : 서울시 성동구 무학봉28길 6 금용빌딩 2F
전   화 : 02)2298-7661
팩   스 : 02)2298-7665
http://moonhak.wla.or.kr
E-mail : chunwo@hanmail.net

ⓒ 최성달, 2018.

값 20,000원

* 도서출판 천우와 저자의 서면 동의 없는 무단 전재 및 복제를 금합니다.
* 저자와의 협의에 따라 인지는 생략합니다.

ISBN 978-89-7954-751-1

이 도서의 국립중앙도서관 출판예정도서목록(CIP)은 서지정보유통지원시스템 홈페이지 (http://seoji.nl.go.kr)와 국가자료공동목록시스템(http://www.nl.go.kr/kolisnet)에서 이용하실 수 있습니다. (CIP제어번호: CIP2018042877)